VINCENT JAUVERT

LES INTOUCHABLES D'ÉTAT

Robert
Laffont

ISBN 978-2-221-19785-1
Dépôt légal : janvier 2018

À Macha
À Andreï

« Intouchable : au figuré, hors d'atteinte, protégé[1]. »

1. Définition du dictionnaire *Le Petit Robert*.

Macron et les intouchables

Emmanuel Macron déteste les privilèges des grands commis de la République. Leur entre-soi mortifère aussi. C'est ce qu'il dit, en tout cas. Dans son livre de campagne, *Révolution*[1], il fulmine contre « les hauts fonctionnaires [qui] se sont constitués en caste ». « Il n'est plus acceptable, ajoute-t-il, qu'ils continuent à jouir de protections hors du temps. » Fort bien.

Seulement voilà : son univers – la Macronie – est peuplé de ces intouchables d'État. Ces élites administratives – inspecteurs des Finances, conseillers d'État ou ingénieurs du corps des Mines – qui, aujourd'hui, profitent de tout, sans prendre le moindre risque. Des avantages du public et de l'argent du privé. Des prébendes de l'Ancien Monde et des « opportunités » du Nouveau.

Lorsque j'ai commencé cette enquête sur les très hauts fonctionnaires, Emmanuel Macron n'était encore qu'un jeune ministre remuant. Un électron libre qui ne semblait représenter que lui-même. Mais, tandis que je progressais dans ce monde à la fois immuable et en

1. XO éditions, 2016.

plein bouleversement, et qu'en même temps sa candidature prenait corps, une évidence m'est apparue. Emmanuel Macron était l'incarnation, le porte-drapeau – la bouée de sauvetage, peut-être – du groupe que j'étais en train d'étudier, cette nouvelle noblesse d'État, dont les mœurs me sidéraient chaque jour davantage.

Au cours de cette plongée, j'ai interrogé plus d'une centaine de très hauts fonctionnaires. La majorité d'entre eux parlent avec une candeur étonnante de leurs privilèges démesurés et de leur façon de mettre l'État à leur profit ; d'autres se confient sous couvert de l'anonymat de peur de mettre leur carrière en péril. Plusieurs, écœurés par le fonctionnement de cette « caste » moins encline à servir qu'à se servir, m'ont confié des documents confidentiels afin de lever un coin de voile sur cette omerta. Certains ministres, enfin, m'ont parlé *on* ou *off*. Ils m'ont raconté leur grande difficulté à contrôler une supertechnocratie de plus en plus puissante.

Bien sûr, beaucoup de très hauts fonctionnaires ont la passion de l'État qu'ils servent avec désintéressement. Mais je ne m'attendais pas à découvrir un tel déclin de l'esprit public, un tel mépris des règles éthiques, notamment chez ceux qui sont censés les personnifier.

Des femmes et hommes politiques, diplômés de l'École nationale d'administration (ENA), qui s'accrochent à leur statut privilégié de haut fonctionnaire au risque d'exaspérer les électeurs encore plus.

Des conseillers d'État, gardiens ultimes du droit public, qui monnayent leurs carnets d'adresses et leur connaissance intime de l'appareil administratif en devenant avocats d'affaires ou lobbyistes. Puis reviennent dans la fonction publique profiter à vie de leur statut exorbitant... sans que personne les inquiète.

Des hauts fonctionnaires de Bercy qui, après avoir gagné plus de 200 000 euros par an dans leur administration, se font recruter par de grands groupes privés pour révéler les fragilités de la loi fiscale... qu'ils ont parfois eux-mêmes rédigée !

Des membres de la Cour des comptes qui se répartissent les postes dans les établissements culturels les mieux rémunérés, qu'ils sont censés contrôler. D'autres qui deviennent consultants privés pour aider au démantèlement de... l'État.

Des inspecteurs des Finances qui deviennent banquiers d'affaires et vendent, très cher, leurs conseils à leur ancienne administration... pour y retourner quelques années plus tard.

Des énarques dont les erreurs de gestion coûtent des centaines de millions d'euros aux contribuables, qui ne sont jamais sanctionnés... mais souvent promus.

Des chefs de grands corps qui mènent des combats acharnés en coulisses contre des ministres de la République afin de conserver leurs pouvoirs et leur influence... et qui y parviennent.

Des couples d'énarques, de plus en plus nombreux, au sein desquels les époux se font la courte échelle tout au long de leur carrière... avec succès.

Emmanuel Macron n'ignore rien de ces pratiques parfois scandaleuses. Rien non plus du poids considérable, excessif, de ces intouchables dans la vie publique et économique de notre pays. Parce qu'il vient de ce monde, il serait le plus à même de le réduire. À moins qu'il ne soit, au contraire, le plus tenté de le perpétuer.

1

« Vous allez tuer la République ! »

10 mai 2017, 15 heures. Annick Girardin vient d'assister au dernier Conseil des ministres de l'ère Hollande. Pourtant elle est radieuse : ce matin, elle a remporté une petite victoire. Contre les intouchables. Ce n'est pas tous les jours.

« En sortant de l'Élysée, Jean-Pierre Jouyet [secrétaire général de la présidence] m'a prise par le bras et m'a glissé à l'oreille : "Tu as vu ? Ton foutu décret est sorti ce matin au *Journal officiel*..." Évidemment que j'avais vu ! Jusqu'au bout, jusqu'aux dernières heures du quinquennat, ses amis des grands corps d'État et lui se sont battus contre ![1] » raconte Annick Girardin avec délectation.

Il fait un temps magnifique. Elle propose que l'on s'installe dans les jardins de son ministère, chargé de la Fonction publique, un élégant hôtel particulier, rue Grenelle. « Mon idée était simple, poursuit-elle, l'ENA et Polytechnique ne sont pas là pour former les futures élites des entreprises privées mais des hauts fonctionnaires. Je voulais donc lutter contre le "pantouflage"

1. Entretien avec l'auteur, le 10 mai 2017.

des jeunes diplômés, notamment ceux sortis dans "la botte" [les quinze premiers à l'ENA], leur imposer de rester longtemps dans cet État qui a payé leurs études, 85 000 euros par an ! C'est la moindre des choses, non ? »

« Hollande m'a dit : "Tu vas avoir des ennuis..." »

Son projet initial fait hurler à la mort les grands corps de l'État. « Au début, je me suis battue pour contraindre tous les jeunes hauts fonctionnaires à servir dans l'administration au minimum dix ans sans discontinuer, au lieu des quatre prévus jusque-là, raconte Annick Girardin. S'ils partaient dans le privé avant ces dix ans, ils auraient été rayés de la fonction publique et contraints de rembourser leur "pantoufle[1]". Quand j'ai présenté cette idée au Premier ministre Manuel Valls à l'été 2016, il m'a lancé en souriant : "Bon courage !" François Hollande, lui, m'a dit : "Tu vas avoir des ennuis, mais je te suis." Et, de fait, ça n'a pas été simple... »

La résistance s'organise aussitôt. À Bercy surtout. Les inspecteurs des Finances font bloc. Avec, en tête, l'inévitable Jean-Pierre Jouyet[2]. Le puissant corps des Mines aussi est très remonté. Sous la pression, Annick

1. Une partie du coût de leur scolarité et de leurs émoluments en tant qu'étudiants fonctionnaires (1 399 euros nets par mois pendant 27 mois). Le montant de la « pantoufle » varie selon le nombre d'années déjà effectuées dans l'administration et le dernier salaire dans le secteur public.

2. Sollicité à plusieurs reprises, Jean-Pierre Jouyet n'a pas souhaité répondre aux questions de l'auteur. E-mail du 17 octobre 2017.

Girardin doit reculer. Elle propose un décret qui coupe la poire en deux. Les hauts fonctionnaires ont toujours le droit de partir dans le privé au bout de quatre ans, mais leur premier « pantouflage » ne peut durer plus de quatre ans. Après, ils doivent réintégrer l'administration pendant au moins six ans avant de pouvoir retourner dans le privé pour une durée maximale de six ans. Une mini-révolution pour la noblesse d'État. « J'ai obtenu un feu vert politique, raconte Annick Girardin. Ça s'est réglé entre deux poids lourds du gouvernement : Michel Sapin [à l'Économie et aux Finances], qui s'y opposait, et Ségolène Royal [à l'Environnement], qui me soutenait. » Mais les grands corps ne s'avouent pas vaincus.

Les manœuvres dilatoires de Bercy

« Jusqu'au dernier moment, ils ont utilisé tous leurs verrous administratifs pour faire échouer la réforme, peste Annick Girardin. Le décret est sorti du Conseil d'État le 2 mai 2017, prêt à être publié. Mais Bercy a cru qu'il était encore possible de le bloquer en le gardant sous le coude. » Comment ? En imposant un double paraphe du texte.

Autrement dit, alors que la République s'apprête à changer de président, que les partis traditionnels sont moribonds, une seule question obsède la haute administration : le décret sur le pantouflage peut-il être validé avec la seule signature d'Annick Girardin, ou peut-on exiger qu'il soit contresigné par son homologue des Finances ? « Dans ce cas, explique l'intéressée, il aurait suffi, pour enterrer mon texte, que Michel Sapin le "coude", comme on dit dans les cabinets ministériels, au-delà du dernier Conseil des ministres. Et le tour aurait été joué. »

Bercy lance sa manœuvre dilatoire. Il sollicite l'avis du secrétaire général du gouvernement (SGG), Marc Guillaume, au sujet de la double signature, si vitale pour l'avenir du pays...

Annick Girardin redoute que le SGG, très hostile au décret, ne fasse, lui-même, traîner sa propre décision. « Alors je suis allée voir le Premier ministre, Bernard Cazeneuve, rapporte-t-elle. Je lui ai demandé de ne pas attendre l'avis du SGG, qui n'est que consultatif, et de promulguer le décret. Il l'a fait la veille du dernier Conseil des ministres[1]... » Ouf !

Déclaration de guerre contre les intouchables

Annick Girardin savoure cette petite victoire comme une vengeance. Un an auparavant, elle a dû, la mort dans l'âme, enterrer un projet de sa prédécesseure, Marylise Lebranchu. L'intrépide Bretonne voulait modifier les règles d'accès aux grands corps. Une réformette pour le commun des mortels. Un cataclysme pour le Conseil d'État, l'inspection des Finances et la Cour des comptes

1. Décret n° 2017-929 du 9 mai 2017, relatif à la position de disponibilité des fonctionnaires de l'État souhaitant exercer une activité dans le secteur privé.

– ces intouchables de la République si attachés aux attributs et aux privilèges de leur caste. Mal lui en a pris.

Chaque année, ces trois grands corps ont le droit de recruter un quota d'étudiants de l'ENA parmi ceux qui sont sortis « dans la botte ».

« Je voulais modifier ce "droit de tirage", comme on dit, raconte Marylise Lebranchu. Pour placer, par exemple, quelques meilleurs éléments au ministère de l'Environnement ou aux Affaires sociales. Quand je lui ai expliqué mon projet, l'un des chefs de ces grands corps m'a lancé, outré : "Mais, madame, vous allez tuer la République !" Rien que ça[1] ! » Elle ne tremble pas. À l'été 2015, elle propose de réduire le « droit de tirage » du Conseil d'État, de l'inspection des Finances et de la Cour des comptes. Son but : passer de cinq à deux chacun par an. Leur cauchemar.

« François Hollande m'a dit "vas-y", le Premier ministre aussi, alors j'ai foncé », poursuit-elle. Mais elle sous-estime le pouvoir souterrain des quatre piliers de la haute administration : « Le vice-président du Conseil d'État, le patron de la Cour des comptes, le secrétaire général de l'Élysée et le SGG se voient tout le temps. C'est à cause d'eux que j'ai perdu le contrôle de cette réforme... »

Elle ajoute : « J'aurais dû voir venir le coup : un jour, j'évoque la question des grands corps en Conseil des ministres. À la fin, je croise Jean-Pierre Jouyet qui me dit, mi-figue, mi-raisin : "Occupe-toi de qui tu veux,

1. Entretien avec l'auteur, le 14 décembre 2016.

mais pas touche à l'inspection, à la Cour et au Conseil d'État !" »

La bande des quatre fait de la résistance

Marylise Lebranchu est battue à plate couture. À la fin de l'été 2015, après une guérilla constante menée par la bande des quatre, elle est lâchée par l'Élysée et Matignon. Pour sauvegarder les apparences, les chefs de l'exécutif décident de réduire le droit de tirage des grands corps, mais seulement de un au lieu des trois proposés. Et surtout de ne le faire qu'une seule fois, en décembre 2015[1].

De fait, l'année suivante, le Premier ministre redonne leurs cinq énarques à l'inspection, au Conseil et à la Cour. Et, en juin 2017, le nouveau chef du gouvernement, le maître des requêtes au Conseil d'État Édouard Philippe, s'empresse de signer un arrêté[2] qui annonce un droit de tirage inchangé... Un texte préparé par son directeur de cabinet et ami, Benoît Ribadeau-Dumas, issu du même grand corps. « Tout ça pour ça ! soupire l'un des acteurs de l'imbroglio. Une telle bagarre au sommet de l'État au sujet d'une dizaine de jeunes gens et pour qu'au final rien ne change, c'est pathétique ! »

Malgré tout, François Hollande veut sauver la face de Marylise Lebranchu. En échange de cette capitulation, il l'autorise à créer un comité chargé de réfléchir, une

1. Arrêté du 7 janvier 2016.
2. Décret du 28 juin 2017.

fois encore, à l'affectation des étudiants à la sortie de l'ENA. Elle monte tout en secret, ne prévient aucun chef de corps... et patauge. Elle sollicite plusieurs personnalités. Certaines refusent de participer à sa commission, notamment l'énarque Florence Parly, future ministre des Armées d'Emmanuel Macron, alors cadre dirigeante à la SNCF.

« Finalement le comité ne comportait qu'un ancien directeur de l'ENA et quelques retraités, raconte l'une de ses proches à l'époque. Et ils devaient travailler dans l'ombre... C'était n'importe quoi ! » D'autant que l'information finit par fuiter. À cause d'une négligence vaudevillesque : sur l'agenda public de Marylise Lebranchu, un conseiller a inscrit une rencontre entre la ministre et la commission en question ! « Quand Jean-Marc Sauvé [le vice-président du Conseil d'État], Didier Migaud [patron de la Cour des comptes], Nathalie Loiseau [la directrice de l'ENA] et les autres ont découvert le pot aux roses, ils se sont déchaînés », souffle la même source.

Le comité secret contre les grands corps

Le 30 novembre 2015, le comité de réflexion, divisé, remet ses conclusions à la ministre. Cette note de six pages est toujours secrète. Je l'ai consultée[1]. Elle avance une idée explosive : dynamiter les grands corps.

1. Comité de réflexion « Mission affectation des élèves à la sortie de l'ENA », compte rendu des conclusions principales, 30 novembre 2015.

Comment ? En les fusionnant avec des plus « petits » : celui de la Cour des comptes avec celui des chambres régionales ; celui du Conseil d'État avec celui des tribunaux administratifs ; les trois grandes inspections – celles des Finances, des Affaires sociales et de l'Administration – seraient, elles, fondues en une seule dépendant de Matignon. L'humiliation suprême.

Quand tout cela est divulgué dans la presse spécialisée[1], la bande des quatre s'affole. Les attentats du Bataclan et des terrasses parisiennes viennent tout juste de se produire. La France entre dans l'état d'urgence. Mais les quatre s'attellent, eux, à la défense... de leur caste. Ils font le siège de l'Élysée et de Matignon. Et obtiennent vite gain de cause. Car, alors que l'unité nationale est menacée, le président et le Premier ministre n'entendent pas entrer en guerre avec la très haute administration. Ils enterrent donc la note. Les intouchables respirent.

« Être privilégié à vie, sur un coup de dés ! »

Mais Marylise Lebranchu ne s'avoue pas vaincue. Elle change de tactique. Et conserve l'objectif : briser les grands corps, les véritables fossoyeurs de la République. Comment ? En supprimant le classement de sortie à l'ENA. « Une lubie[2] », s'exclame Didier Migaud, premier président de la Cour des comptes,

1. « La note confidentielle qui dynamite les grands corps de l'État », Acteurs publics, Pierre Laberrondo, 9 décembre 2015.
2. Entretien avec l'auteur, le 16 octobre 2016.

encore horrifié par une telle perspective. Mais, cette fois, la ministre n'est pas seule face aux intouchables. Elle a des alliés : les élèves de la prestigieuse école, eux-mêmes !

La promotion George Orwell, qui vient de commencer sa scolarité, exige la fin du classement de sortie. « Notre carrière se joue sur un coup de dés, déplore un élève. Pour un dixième de point, on peut ou non entrer dans les grands corps, être ou non un privilégié à vie. C'est absurde[1]. » Les « Orwell » organisent un vote. Les deux tiers se prononcent pour cet abandon. En vain. Ils ne sont pas les premiers à entreprendre une telle démarche.

Aussi étrange que cela paraisse, des pétitions de ce genre émaillent la vie de l'ENA depuis près d'un demi-siècle. La première apparaît en 1970. La promotion a pris le nom de Charles de Gaulle, qui n'est pas encore décédé. Dans ses rangs, elle compte notamment Alain Juppé. « Nous avons fait voter une motion dénonçant le classement de sortie, se souvient Marie-Hélène Bérard, qui faisait partie de cette promotion. Dans mon souvenir, Alain Juppé, qui sortira à l'inspection des Finances, ne l'a pas signée[2]... »

En 1978, un certain François Hollande crée le Carena, le comité pour une réforme de l'école, qui réclame lui aussi – et toujours en vain – la disparition de ce hit-parade si déplaisant. En 2001, la promotion Mandela, celle de Laurent Wauquiez, lance un appel

1. Entretien avec l'auteur, le 5 mars 2017.
2. Entretien avec l'auteur, le 28 juin 2017.

signé par 96 élèves sur 103 dénonçant une institution devenue « une machine à classer » qui « renforce les corporatismes ».

La promotion Macron porte plainte

Trois ans plus tard, c'est au tour de la célèbre promo Senghor, celle d'Emmanuel Macron. Elle rédige un rapport assassin intitulé « L'ENA, l'urgence d'une réforme ». Ce brûlot – que ses auteurs ne dévoilent pas facilement aujourd'hui – reproche à l'école de « dispenser une scolarité au rabais, qui n'est que l'alibi d'un concours de beauté organisé par les divers corps de l'État ». Et, fait unique dans l'histoire, la promotion porte plainte collectivement contre le classement et obtient gain de cause au Conseil d'État. Motif : les épreuves de sortie comportaient des irrégularités. Mais cette décision n'est que symbolique, elle n'affecte pas les carrières déjà engagées, dont celle d'Emmanuel Macron à l'inspection des Finances. Car, pesée au trébuchet pour être soutenue par le plus grand nombre d'élèves, la plainte ne portait pas sur l'affectation des élèves... Rébellion « au rabais » ?

Très vite, les révoltés de l'ENA, surtout s'ils ont réussi à intégrer un grand corps et donc à mener leur carrière en première classe, remisent leur colère de jeunesse et se mettent, à leur tour, à défendre le classement de sortie. D'où son maintien pendant toutes ces décennies. Ce n'est donc pas un hasard si le premier chef de l'État à avoir tenté de supprimer ce tableau d'honneur de la République n'est pas lui-même énarque mais avocat : Nicolas Sarkozy.

Le combat perdu de Nicolas Sarkozy

Quand il arrive à l'Élysée, le nouveau chef de l'État promet la disparition du classement tant décrié. Un décret est même adopté en ce sens en septembre 2009. Les premiers élèves censés en bénéficier, la promotion Robert Badinter, celle de Juliette Méadel, future secrétaire d'État chargée de l'Aide aux victimes, sont ravis d'être débarrassés du poids de cette loterie injuste.

Mais, un mois plus tard, le 3 novembre 2009, le Conseil d'État se débrouille pour annuler le texte. Au motif qu'une loi, toujours supérieure à un décret, stipule que « les auditeurs du Conseil d'État sont nommés parmi les anciens élèves de l'ENA selon les règles propres au classement des élèves de cette école ». Pour l'abroger, il faudrait donc une autre loi. Or, à l'Assemblée, les grands corps ont de puissants relais, la résistance est trop forte. « À l'époque, ce sont les énarques de gauche qui ont fait capoter le projet au Parlement[1] », se souvient François Sauvadet, membre de l'UDI[2] qui, alors ministre centriste de la Fonction publique en 2011-2012, a tenté de relancer la réforme avant de jeter l'éponge.

1. Entretien avec l'auteur, le 16 novembre 2016.
2. Union des démocrates et des indépendants.

François Hollande, lui-même membre de la Cour des comptes, essaye à son tour. Ou, plutôt, il laisse faire Marylise Lebranchu puis Annick Girardin, sans se mouiller comme son prédécesseur. Jusqu'à ce qu'il se ravise.

En février 2017, quelques semaines avant son départ de l'Élysée, le chef de l'État est reçu en grande pompe au Conseil d'État. C'est la première fois qu'il s'y rend depuis son accession au pouvoir. Oubliant les demandes de son éphémère Comité pour la réforme de l'ENA, il décrète qu'il est nécessaire de « maintenir l'accès direct aux grands corps ». Fermez le ban ! Les intouchables jubilent.

La note confidentielle de Girardin à Macron

Dans les derniers jours du quinquennat Hollande, Annick Girardin adresse une note d'une page à son ancien collègue, Emmanuel Macron, qui vient d'être élu à la présidence. Elle est révélée ici pour la première fois[1]. Elle propose de « réformer la haute administration ». Notamment grâce à « la suppression par la loi de la sortie directe de l'ENA dans les grands corps et les inspections générales ». Elle précise que « les élèves sortis dans la botte [seraient] affectés dans les corps concernés après dix ans d'activité dans l'administration ». En guise d'ultime revanche contre les intouchables, elle propose aussi de « réduire le rôle

1. Archives de l'auteur.

consultatif du Conseil d'État » et de « placer la Cour des comptes auprès du Parlement ».

Surprise, Annick Girardin est, avec Jean-Yves Le Drian, la seule ministre de François Hollande à faire partie du gouvernement d'Édouard Philippe. Mais avec le portefeuille des Outre-mer, ce qui est somme toute logique s'agissant d'une élue de Saint-Pierre-et-Miquelon.

Que fera Emmanuel Macron de ses propositions ? L'ancien inspecteur des Finances a demandé au nouveau directeur de l'ENA, le conseiller d'État Patrick Gérard, de réfléchir à une réforme de l'affectation des élèves à leur sortie. Son idée, selon le porte-parole du gouvernement, serait de trouver un moyen pour que « ceux qui sortent les mieux classés de cette école n'aillent pas vers des institutions, mais plutôt vers des priorités politiques ». Reste à savoir comment.

Dans sa note à Emmanuel Macron, Annick Girardin suggère aussi de fusionner l'ENA et l'INET[1] qui forme les hauts fonctionnaires territoriaux. Une manière habile d'en finir progressivement avec cette toute-puissante « énarchie » que Jean-Pierre Chevènement, lui-même énarque, dénonçait dès 1967[2]. Annick Girardin n'est pas la première à vouloir supprimer l'ENA, loin s'en faut.

1. Institut national des études territoriales.

2. *L'Énarchie ou les Mandarins de la société bourgeoise*, coécrit, sous le pseudonyme de Jacques Mandrin, par Jean-Pierre Chevènement, Alain Gomez et Didier Motchane, La Table Ronde, 1967.

L'École Nationale des Archaïsmes

Avant elle, beaucoup ont proposé de débarrasser la France de cette école qui l'obsède. À commencer par le Parti socialiste dès 1972. Puis vient le tour de Jacques Chirac en 1995. Le candidat de « la fracture sociale » dénonce l'ENA comme « le symbole d'une élite qui a failli », d'« une caste qui se coopte », lui qui est aussi sorti dans la botte, comme son principal protégé, Alain Juppé. Élu, il n'entreprend rien contre l'École.

En 1999, des élus de droite prennent le relais et proposent de dissoudre l'ENA. Parmi eux, le fils de l'ancien président, Louis Giscard d'Estaing qui fustige avec humour « l'École Nationale des Archaïsmes ».

Lors de la campagne présidentielle de 2007, c'est François Bayrou qui propose de supprimer cette école, symbole à ses yeux du « verrouillage de la société française ». Un thème repris en 2017 par l'un des candidats à la primaire de la droite, Bruno Le Maire, l'un des rares énarques à avoir démissionné de la fonction publique.

Emmanuel Macron, lui, n'a jamais surfé sur cette vague-là. Dans *Révolution*[1], il se dit « favorable à ce que nous maintenions le concours de l'ENA », car « c'est une sélection au mérite ». Qui, selon lui, évite que les grands commis de l'État ne fassent l'objet d'« une cooptation de complaisance comme nombre de cadres de

1. *Op. cit.*

partis ». Les mauvaises langues pourraient en conclure qu'en bon haut fonctionnaire il préférera toujours taper sur les hommes politiques plutôt que sur sa propre caste. Afin d'en préserver ses privilèges. Pourtant parfois exorbitants. Comme à Bercy.

2

Un secret si bien gardé

« Mon salaire ? Je ne vous le dirai pas. » Nous sommes au sixième étage de l'hôtel dit « des ministres », à Bercy. Dans un bureau immense et lumineux avec vue plongeante sur la Seine. Mon hôte, un personnage clé de la Macronie, est d'ordinaire drôle et chaleureux. Sauf lorsqu'on aborde la question taboue de sa rémunération, pourtant payée sur fonds publics...

Cet intouchable de 50 ans s'appelle Emmanuel Moulin. Énarque, il a été le conseiller économique de Nicolas Sarkozy à l'Élysée. Désormais, il dirige le cabinet de Bruno Le Maire, ministre de l'Économie. C'est un ami intime du secrétaire général de l'Élysée, Alexis Kohler. Parfois, il fait du jogging avec Emmanuel Macron en personne. Avant de rejoindre l'équipe présidentielle, il était lui aussi banquier d'affaires[1]. « Je gagnais trois fois plus que maintenant, finit par lâcher ce haut fonctionnaire, subitement devenu ombrageux. Je n'en dirai pas davantage[2]. »

---

1. Il a été directeur général de Mediobanca-France de février 2015 à mai 2017.
2. Entretien avec l'auteur, le 22 septembre 2017.

Vous avez dit « voyeurisme » ?

C'est une seconde nature. À Bercy, fief d'origine de l'écurie Macron qui y fut ministre de l'Économie entre 2014 et 2016, on adore parler d'argent, enfin celui des autres – jamais du sien. « Il est impossible de connaître les revenus des barons de ce ministère tout-puissant, peste un ancien de Matignon. Leurs primes, qui sont très élevées, ne sont pas publiques[1] ! » Depuis la création de la Ve République, il s'agit d'un véritable secret d'État, conservé précieusement dans des coffres.

Faut-il l'y laisser ? « Vous cherchez quoi ? demande un cadre dirigeant du ministère, furieux, lui aussi, qu'on lui demande le montant de sa rémunération. À faire monter le Front national[2] ? » Toujours la même rengaine. Un autre reprend la formule de Spinoza si chère à Emmanuel Macron : « Votre question, assène-t-il, reflète les "passions tristes" de la France. »

Laissons répondre un énarque de renom, fils et petit-fils de hauts fonctionnaires : Martin Hirsch, conseiller d'État et patron de l'Assistance publique – Hôpitaux de Paris (AP-HP). « Rien ne justifie l'opacité qui entoure [ces rémunérations], s'insurge-t-il dans une tribune au *Monde*. Il s'agit d'argent public et, sur ce sujet, nul voyeurisme à ce que le contribuable et l'électeur connaissent le montant des rémunérations, indemnités

1. Entretien avec l'auteur, le 6 mai 2017.
2. Entretien avec l'auteur, le 15 septembre 2017.

et primes comprises, que perçoivent ceux qui les administrent[1]. » Non, nul voyeurisme...

Dans son bureau en fourbi au siège de l'AP-HP, en face de l'hôtel de ville de la capitale, Martin Hirsch ajoute aujourd'hui[2] : « Les entreprises cotées, donc privées, sont désormais obligées de révéler les rémunérations de leurs dirigeants. Mais l'administration, elle, n'est pas tenue à la même transparence. Quelle aberration ! » Quand on l'interroge sur son traitement, primes comprises, comme chef de l'AP-HP, il répond : « 180 à 190 000 euros bruts par an. » Puis il ajoute, avec un large sourire : « Vous trouvez que c'est beaucoup ? Allez voir à Bercy... »

La note secrète de Bercy

Voici un document interne de la Direction générale des finances publiques. Nom de code : « REM 150[3] ». Daté du 4 octobre 2016, il a été estampillé « confidentiel », puis transmis à une poignée de hauts responsables français, avec interdiction de le diffuser. Il m'a pourtant été remis. Que révèle-t-il de si grave ? L'état réel de la dette française ? La faillite prochaine d'une grande banque ? Non, cette note de cinq pages a été classifiée pour une raison à peine croyable. Elle contient ce petit secret si bien gardé depuis si longtemps : le montant

1. Tribune publiée dans *Le Monde* du 16 avril 2013.
2. Entretien avec l'auteur, le 8 juin 2017.
3. Archives de l'auteur.

exact des revenus des barons de Bercy – toutes primes comprises...

Que signifie « REM 150 » ? Tout simplement « Rémunération 150 000 euros ». Explication : « Dès son arrivée au pouvoir en 2012, François Hollande a baissé le salaire du chef de l'État et du Premier ministre de 30 %, pour le fixer à 150 000 euros nets par an, raconte l'un des rares destinataires. Nous voulions savoir qui, à Bercy, était mieux payé qu'eux et, de ce fait, qui gagnait combien parmi les cadres dirigeants de ce ministère. Nous espérions mettre un peu de cohérence dans ces pratiques d'Ancien Régime... Évidemment Bercy voulait éviter à tout prix que cette note ne soit rendue publique[1]. »

Afin d'éviter d'éventuelles fuites, la note se présente sous une forme absconse : une liste de montants associés à des grades, des échelons et des indices. Pour la décoder, il faut mener quelques recherches. Après quoi, on peut retrouver la plupart des heureux bénéficiaires. Le résultat est édifiant.

Le « contractuel » de Macron

Tenez-vous bien : en 2015, cent cinquante cadres de Bercy étaient mieux payés que le chef de l'État ! Même un simple conseiller « contractuel » d'un ministre a reçu 181 395 euros bruts, soit 150 622 nets par an. Pour quel chef travaillait-il ? Macron ou Sapin ? « Je peux certifier

1. Entretien avec l'auteur, le 10 août 2017.

qu'aucun conseiller, en particulier aucun contractuel, ne gagnait 180 000 euros [bruts], ni au cabinet de Christian Eckert [secrétaire d'État au Budget], ni au mien[1] », assure Michel Sapin, à l'époque en charge des Finances. Il ajoute, malicieux : « Je ne peux pas vous donner la même assurance s'agissant du cabinet Macron [en charge de l'Économie] dont j'ignorais et ignore les rémunérations. » Le conseiller en question aurait donc travaillé pour le futur président dans son cabinet pléthorique, composé de vingt-huit membres, dont trois non officiels.

L'Élysée ne confirme pas, il ne dément pas non plus. « Il ne nous appartient pas de donner des informations relatives à la vie privée des personnes[2] », assure Sibeth Ndiaye, conseillère presse de la présidence, qui occupait le même poste à Bercy. Étrange réponse quand il s'agit d'un salaire payé par le contribuable et alors que le traitement du ministre, lui, est public ! « Chaque rémunération était individuellement validée par le cabinet du Premier ministre [Manuel Valls, à l'époque], dans la limite d'un plafond établi par ses soins », précise la communicante. Elle croit nécessaire d'ajouter : « Les collaborateurs de M. Macron [à Bercy étaient] issus de la fonction publique ou cadres du privé, ces derniers ayant vu leur rémunération baisser à leur entrée en cabinet. » Comme si cela devait justifier cette omerta d'un autre âge...

1. SMS à l'auteur du 25 septembre 2017.
2. E-mail à l'auteur du 28 septembre 2017.

Notons que le salaire du directeur adjoint est, lui, public. Depuis qu'il est devenu secrétaire d'État[1] du gouvernement Philippe, Julien Denormandie a dû faire connaître ses revenus des cinq dernières années. Comme numéro deux du cabinet Macron à Bercy, il a gagné, en 2015, 109 314 euros nets par an[2]. Soit 50 % de moins que le conseiller mystère...

Jackpot pour un sarkozyste

On s'en doutait, l'homme le mieux payé de Bercy est le trésorier-payeur général (T-PG) d'Île-de-France. Ce « directeur régional des finances publiques », son titre officiel, est à la fois le collecteur en chef des impôts et le signataire des chèques publics. En 2015, il a touché la modique somme de 255 579 nets, soit 21 298 nets par mois. Huit fois le salaire moyen des fonctionnaires d'État[3]. Et trois fois celui d'un ministre[4].

À l'époque, le T-PG d'Île-de-France s'appelle Philippe Parini. C'est un fidèle de Nicolas Sarkozy. L'histoire de sa nomination mérite d'être narrée.

Dès qu'il arrive au pouvoir, en mai 2012, François Hollande le congédie d'une direction de Bercy. Où le recaser ?

1. Sans portefeuille du ministre de la Cohésion des territoires.

2. Déclaration de M. Denormandie sur le site de la Haute Autorité pour la transparence de la vie publique (HATVP).

3. Chiffre de 2014 issu du rapport annuel de la fonction publique publié en 2015.

4. François Hollande a fixé la rémunération des ministres à 9 940 euros bruts par mois.

Parini convoite le poste de T-PG d'Île-de-France, on le comprend. « Hors de question », s'insurgent Pierre Moscovici et Jérôme Cahuzac, les ministres en charge de l'Économie. On ne va tout de même pas confier ce fromage à un sarkozyste ! Mais l'opposition accuse l'Élysée de maltraiter les hauts fonctionnaires de droite. Hollande cède. Et voilà comment cette prébende échoit à Philippe Parini, rédacteur du programme économique du candidat Sarkozy 2007 ! Il la conservera durant tout le quinquennat, une longévité exceptionnelle à un tel poste. En cinq ans, le bienheureux aura touché plus de 1,2 million d'euros.

Au total, 104 « administrateurs généraux des finances publiques », un corps de l'Ancien Régime fort prospère..., figurent dans ce palmarès. Autrement dit, tous les patrons départementaux ou régionaux du fisc, ainsi que certains de leurs adjoints, sont mieux rémunérés que le chef de l'État. Étrange République.

Confidences de T-PG

« Pourquoi le nier ? Nous sommes bien payés », confie Dominique Lamiot[1], « T-PG » des Hauts-de-Seine. Encore un rescapé de l'ère Sarkozy. À l'époque, il était secrétaire général de Bercy. Il occupait un bureau somptueux dans le « paquebot », l'imposant siège des ministères économiques sur les berges de Seine.

1. Entretien avec l'auteur, le 31 octobre 2016.

Certes, sa position n'est plus aussi clinquante aujourd'hui. Cet énarque dégarni reçoit désormais au onzième étage d'un bâtiment déglingué à Nanterre, dans un bureau défraîchi dont les vitres ne sont jamais nettoyées – « à cette hauteur, on me dit que c'est trop risqué », grommelle-t-il. L'hiver, il y fait si froid qu'il a même été contraint d'installer un chauffage d'appoint. Il ne demande pas qu'on le plaigne. Mais tient à démontrer que le sort des « T-PG » est moins enviable qu'avant...

Jusqu'en 2003, « ils avaient aussi une activité lucrative de courtiers en assurance, explique Dominique Lamiot. Ce n'est plus le cas. Désormais, ils sont seulement rémunérés au forfait. Et leurs primes baissent régulièrement. N'oubliez pas non plus qu'ils sont responsables sur leurs biens personnels ». En cas d'erreur, ces comptables publics peuvent, en effet, être condamnés à rembourser des sommes perdues sur leurs propres deniers.

« Ça, c'est la théorie, modère le Premier président de la Cour des comptes, Didier Migaud. D'abord, ils ont de bonnes assurances. Ensuite, et surtout, le ministre leur accorde toujours une remise gracieuse de 90 voire 95 % du montant du débet[1]. » Mais Dominique Lamiot souligne un autre point : « À la différence des préfets et des recteurs d'académie, nous ne disposons plus d'appartement de fonction, révèle-t-il. J'ai supprimé cet avantage en nature quand j'étais secrétaire général de Bercy. Les logements en question ont été transformés en locaux syndicaux. » Retenez vos larmes...

1. Entretien avec l'auteur, le 16 octobre 2016. Le débet correspond à la dette envers l'État.

Une guéguerre si française

Qui d'autre sur la liste classifiée ? Tous les princes de Bercy : le directeur général des finances publiques, l'énarque Bruno Parent. C'est lui aujourd'hui le maître d'œuvre de la réforme fiscale, donc de la baisse de l'impôt sur la fortune voulue par le président Macron ; le commissaire aux participations de l'État, aussi, Martin Vial, époux de la ministre des Armées du gouvernement Philippe, Florence Parly[1] ; le directeur du Trésor, l'énarque polytechnicien Bruno Bézard, devenu depuis patron d'un fonds d'investissement franco-chinois ; également le directeur du budget, Denis Morin, remplacé en janvier 2017 par une camarade d'Emmanuel Macron à l'ENA, l'inspectrice des Finances Amélie Verdier. Et tous les autres directeurs, tel le secrétaire général de Bercy qui a, en 2015, gagné 188 479 euros. Tous ! On trouve même deux simples chefs de service. Ainsi que quatorze hauts fonctionnaires des douanes et sept contrôleurs budgétaires et comptables ! Tous mieux payés que le président et le Premier ministre...

Deux derniers salaires vont faire hurler les inspecteurs des Finances, si attachés à leur statut d'élite de l'élite. Rendez-vous compte de l'outrage qui leur est fait : la cheffe de leur corps arrive péniblement à l'avant-dernière place du classement, avec « seulement » 155 457 euros nets. Et, insulte ultime, le patron du corps

1. Voir p. 63.

des Mines[1], l'ennemi historique, a perçu 15 000 euros de plus ! Un drame, quoi ! On ne manquera pas d'évoquer ce scandale lors d'un prochain petit déjeuner du corps des inspecteurs des Finances. Ça viendra vite, ils se réunissent chaque mois à Bercy.

L'autre liste confidentielle

Soyons juste, il n'y a pas qu'à Bercy que des agents publics sont mieux rétribués que le chef de l'État. Il y en a un peu partout. On connaît leur nombre et leur identité grâce à un autre document secret, antérieur à « REM 150 ». Il a été réalisé fin 2012, quelques mois après que François Hollande a diminué son salaire. L'Élysée a demandé que soit établie une liste des fonctionnaires gagnant désormais plus que lui. « Cette note était destinée à quatre ou cinq personnes seulement[2] », précise un ancien haut responsable. « Je l'ai vue mais je n'ai pas eu le droit de la conserver », raconte l'ex-ministre de la Fonction publique Annick Girardin[3]. « Elle est restée dans les coffres pour ne pas déclencher de polémiques », se justifie mollement un ancien directeur de cabinet[4].

1. Son titre exact est désormais « Vice-président du Conseil général de l'économie, de l'industrie, de l'énergie et des technologies (CGEIET) ».
2. Entretien avec l'auteur, le 8 janvier 2017.
3. Entretien avec l'auteur, le 10 mai 2017.
4. Entretien avec l'auteur, le 13 septembre 2017.

L'idée de cette liste était d'obliger les hauts fonctionnaires à consentir un effort financier. « François Hollande et surtout sa ministre, Marylise Lebranchu, avaient le projet, en 2013, de rogner sur les primes annuelles des cadres supérieurs de l'administration, explique l'ex-secrétaire d'État au Budget, Christian Eckert. Mais tous les lobbies de la haute fonction publique ont réussi à bloquer l'opération[1]. » « Nous avons seulement obtenu une baisse de 500 euros sur les primes des cadres dirigeants de... Bercy[2] », s'amuse Marylise Lebranchu. Une aumône.

29000 euros nets à Kaboul

Pourtant il y avait – et il y a toujours – de quoi « rogner », comme dit Christian Eckert. D'après ce document secret, plus de 600 hauts fonctionnaires – vous avez bien lu, 600 ! – gagnaient, en 2012, plus de 150000 euros nets par an[3]. Surprise, ce n'est pas Bercy qui arrive en tête. Mais le Quai d'Orsay. Premier toutes catégories : l'ambassadeur de France en Afghanistan, le poste diplomatique le plus dangereux. Il gagne 29000 euros nets par mois, dont une indemnité de résidence non imposable, indexée sur la difficulté du poste, de 23000 euros. En 2012, il s'agissait de Bernard

1. Entretien avec l'auteur, le 10 juillet 2017.
2. Entretien avec l'auteur, le 14 décembre 2016.
3. Et encore n'y a-t-il là que des agents publics travaillant dans une administration. Je reviendrai sur les autres, travaillant dans les établissements publics, dans le chapitre suivant.

Bajolet, un ami de François Hollande qui le nommera patron des services secrets extérieurs (DGSE[1]) l'année suivante. Aujourd'hui c'est François Richier, ancien conseiller stratégique de Nicolas Sarkozy.

Juste derrière, presque à égalité, les ambassadeurs dans d'autres capitales très risquées, comme Bagdad en Irak ou Sanaa au Yémen. Un peu plus loin, à 20-21 000 euros nets par mois, les chefs de mission et leurs adjoints à des postes bien moins dangereux mais beaucoup plus prestigieux, à Pékin, Washington, Moscou, l'OTAN ou l'ONU à New York. Ces diplomates-là, souvent les plus gradés, sont rémunérés au même niveau que les grands trésoriers-payeurs généraux, à la réserve près que les trois quarts de leurs revenus ne sont pas assujettis à l'impôt... Parmi eux, on trouve désormais Jean-Pierre Jouyet, l'ancien secrétaire général de l'Élysée sous Hollande, qu'Emmanuel Macron a nommé, en juillet 2017, ambassadeur de France à Londres. Une récompense pour cet intouchable qui a été son patron à l'inspection des Finances et qui, du Palais, a cherché des mécènes pour sa campagne présidentielle.

Au total, au moins 300 diplomates apparaissent sur la note : presque tous les chefs de poste, la plupart de leurs numéros deux, beaucoup de consuls généraux et le secrétaire général du ministère. Mais n'attendez pas du Quai d'Orsay qu'il confirme ces informations. Comme Bercy, il fait tout pour cacher les revenus de ses ouailles. Son opacité légendaire confine à l'obsession. Il n'a jamais publié le montant des indemnités de

1. Direction générale de la sécurité extérieure.

résidence des ambassadeurs. Jusqu'en 2011, il faisait au moins connaître, par décret, le pourcentage de leurs augmentations annuelles. Depuis, il ne prend même plus cette peine-là[1].

Le couteau suisse de la République

Les autres hauts fonctionnaires mieux payés en 2012 que le président ? Le secrétaire général du gouvernement, d'abord, le SGG, comme disent les initiés. Un personnage inconnu du public mais très influent en coulisses. Il touche à tout. Il met en forme les projets de loi du gouvernement, les défend devant le Conseil d'État. Trouve des locaux pour les ministres, délimite leur champ d'action. Participe au choix des hauts fonctionnaires les plus importants. Installé à Matignon, ce couteau suisse de la République émarge à plus de 14 000 euros nets par mois[2]. Les autres secrétaires généraux, ceux des grands ministères en tout cas, gagnent eux aussi plus ou autant que le président de la République. De même que plusieurs directeurs généraux d'administration. Ceux de l'enseignement scolaire ou de la fonction publique, par exemple.

1. Voir mon dernier livre *La Face cachée du Quai d'Orsay*, Robert Laffont, 2016 ; J'ai lu, 2017.
2. Le précédent SGG, Jean-Marc Sauvé, a révélé à l'auteur qu'en 2005 il avait gagné 160 195 euros nets.

Le cas Claude Évin

Et puis il y a un cadeau surprise. « Au-dessus de 200 000 euros bruts par an, nous avons découvert aussi l'ancien ministre socialiste de la Santé, Claude Évin », révèle l'un des rares responsables qui ont lu la note de 2013. En 2009, Nicolas Sarkozy, à la recherche de prises de guerre à gauche, a ressorti cet ancien du gouvernement Rocard, un peu oublié, et l'a bombardé à la tête de l'Agence régionale de santé (ARS) d'Île-de-France. Pour l'appâter, il lui a offert un revenu particulièrement confortable. Claude Évin est resté six ans à ce poste. Avant de devenir avocat d'affaires dans le domaine de la santé.

Son successeur est un ancien conseiller social de Jean-Marc Ayrault, l'énarque Christophe Devys. Il occupe le même bureau au dernier étage de l'immeuble « Millénaire 2 », à côté du boulevard périphérique, avec vue sur Saint-Denis. Combien gagne-t-il ? « J'ai demandé plus que mon adjoint et moins que mon prédécesseur », rétorque, joueur, ce conseiller d'État au visage anguleux, avant de préciser, en toute transparence : « Le ministre du Budget m'a accordé 180 à 190 000 euros bruts annuels. À cela s'ajoute une prime de fin d'année de 20 000 euros. Elle est fonction des objectifs fixés, tels que l'évolution de la masse salariale des hôpitaux et la baisse des dépenses de transports sanitaires[1]. » Bref, moins on décaisse, plus il encaisse...

1. Entretien avec l'auteur, le 25 juillet 2017.

450 000 euros pour le gouverneur

En 2017, quelques rémunérations de très hauts fonctionnaires ont été rendues publiques. Après sa nomination au gouvernement, la garde des Sceaux, Nicole Belloubet, a dû faire connaître à la Haute Autorité pour la transparence de la vie publique (HATVP) son salaire précédent, celui qu'elle touchait en tant que membre du Conseil constitutionnel : 13 300 euros nets par mois.

Quelques semaines plus tôt, la Banque de France a publié, comme tous les ans, son rapport. Et, pour la première fois, miracle !, il y est fait mention des émoluments de son gouverneur. « Par souci de transparence et par alignement sur les meilleures pratiques internationales[1] », explique-t-on. Bizarrerie bien française : dans ce rapport, il est indiqué que, selon le code monétaire et financier, le gouverneur « reçoit une rémunération d'activité équivalente à celle de vice-président du Conseil d'État ». Étrange alignement : ces fonctions sont certes parmi les plus illustres mais elles n'ont rien à voir. On ne voit qu'une raison... « historico-spatiale » : créées par Napoléon Bonaparte, les deux institutions se partagent les bâtiments sublimes qui entourent les jardins du Palais-Royal, en face du Louvre...

En tout cas, à en croire le rapport annuel de la Banque de France, le patron du Conseil d'État Jean-Marc Sauvé

1. Conférence de presse du gouverneur de la Banque de France, le 13 mars 2017.

toucherait donc la même somme que celui de la Banque de France, l'inspecteur des Finances François Villeroy de Galhau : « 283 129 euros bruts par an » plus une indemnité de logement, « imposable », de 67 716 euros, soit un total de 350 845 euros bruts annuels. Sauf que...

« Ces dispositions remontent à 1936 quand la Banque de France a été mise sous le contrôle de l'État et elles sont désormais obsolètes[1] », argue Jean-Marc Sauvé, un peu chafouin qu'on dise et répète qu'il est aussi bien payé que le banquier central. « En réalité, révèle-t-il en toute transparence, en 2016, j'ai perçu 194 000 euros nets et déclaré au total 204 052 euros en incluant les frais imposables de représentation. » Ce qui reste une somme assez confortable. Et supérieure au salaire du patron de la Cour des comptes, Didier Migaud, qui, lui, confie percevoir « 177 000 nets par an, soit un peu moins de 15 000 euros nets par mois[2] ». Soit près de deux fois moins que le gouverneur de la Banque de France. Misère !

Et encore... Vachard, Didier Migaud précise que « de par sa fonction, François Villeroy de Galhau a d'autres revenus ». Il est membre de droit du conseil d'administration de la Banque des règlements internationaux à Bâle[3]. Ce siège lui rapporte 50 031 euros annuels supplémentaires, à quoi s'ajoute, comme à l'école, une prime d'assiduité du même montant s'il assiste au moins à six réunions. Soit au total 100 062 euros.

1. Entretien avec l'auteur, le 24 octobre 2017.
2. Entretien avec l'auteur, le 16 octobre 2017.
3. Voir *Le Canard enchaîné* du 12 avril 2017.

Sauf oubli, le gouverneur de la Banque de France perçoit donc un revenu annuel total de 450 907 euros bruts par an. Ce qui fait de lui, sans conteste, le fonctionnaire le mieux payé de l'Empire... pardon... de la République.

3

Fromages *et* desserts

« Emmanuel ? Nous l'avons soutenu dès le début, en coulisses. Mais il ne fallait pas que ça se sache. On aurait dénoncé l'entre-soi[1]. » Aujourd'hui, elle peut le confier. Le savourer même. Sylvie Hubac est membre fondatrice des Gracques, ce club de hauts fonctionnaires bobo et très influents, passés pour la plupart dans le privé, qui ont discrètement aidé le candidat Macron. La plupart travaillent dans le privé depuis longtemps. À l'instar de son mari, rencontré à l'ENA, aujourd'hui P-DG de Vallourec, ou de Bernard Spitz, président de la Fédération française de l'assurance[2]. Sylvie Hubac, elle, n'a jamais quitté l'administration. Jusqu'au poste qu'elle occupe aujourd'hui.

Cette conseillère d'État préside l'établissement public qui gère le Grand Palais. Un monument édifié pour l'Exposition universelle de 1900 en bordure des Champs-Élysées. Il accueille expositions et salons prestigieux. Sylvie Hubac a été nommée à cette fonction très recherchée en 2016 par François Hollande en

1. Entretien avec l'auteur, le 24 juillet 2017.
2. Voir le chapitre « Affaires publiques... Très privées », p. 185.

personne. Ce n'est pas un hasard : auparavant, elle dirigeait le cabinet du chef de l'État qu'elle a rencontré à l'ENA, dans la fameuse promotion Voltaire. Au Grand Palais, elle gagne 192 000 euros bruts par an. Soit plus, on l'a vu, que le président de la République lui-même. Plus aussi que n'importe quel directeur d'administration centrale, à part à Bercy. « C'est vrai, mais je ne suis pas la seule à être payée autant[1] », précise-t-elle, un peu gênée.

Les profiteurs du démembrement

Aux marges de l'État, on ne compte plus les prébendes très lucratives. C'est que, depuis une vingtaine d'années, les gouvernements successifs démembrent l'État à grande vitesse. À la place, ils multiplient les organismes publics qui ne sont pas tenus aux mêmes règles que l'administration. Notamment en matière de rétribution de leurs dirigeants. Une aubaine pour nombre de hauts fonctionnaires.

Prenez la directrice de l'Agence chargée de la formation professionnelle des adultes (AFPA), Pascale d'Artois de Bournonville, nommée en avril 2017. « Elle a réussi à décrocher un salaire indécent[2] », dévoile un ancien responsable qui s'est opposé en vain à ce qu'elle soit rétribuée autant. Combien ? Le 15 mars, on lui attribue 186 750 euros bruts par an[3]. Mais cela ne lui suffit

1. Entretien avec l'auteur, le 24 juillet 2017.
2. Entretien avec l'auteur, le 12 septembre 2017.
3. Décision de la direction du budget du 15 mars 2017.

pas. Elle insiste. Et un mois plus tard obtient une rallonge de 8 000 euros. Sa rétribution définitive est fixée à 194 750 euros[1]. « Pas mal, surtout pour un organisme en quasi-faillite ! » maugrée la même source.

Voyez encore le patron de l'Agence de l'environnement et de la maîtrise de l'énergie, l'ADEME, dont la gestion souffre, selon la Cour des comptes[2], « d'insuffisances notables ». N'empêche que son président Bruno Léchevin, ex-leader de la branche gaz-électricité de la CFDT devenu haut fonctionnaire, émarge à 190 000 euros bruts... Quant à Philippe Yvin, patron de la société du Grand Paris, maître d'œuvre du futur métro de la région parisienne, il touche 204 000 euros par an[3]. Un beau fromage pour celui qui n'était auparavant que conseiller « collectivités locales » auprès du Premier ministre Jean-Marc Ayrault...

Prenez aussi Muriel Pénicaud, désormais ministre du Travail. C'est une admirable négociatrice. Surtout lorsqu'elle défend son propre beefsteak. Début 2015, Emmanuel Macron et Laurent Fabius[4] décident de la nommer à la tête de Business France, l'agence chargée de promouvoir les PME françaises à l'étranger. À quel salaire ? Le poste est nouveau, il faut palabrer. Après des allers et retours, l'impétrante, auteur d'un rapport opportunément intitulé *Bien-être et efficacité au*

1. Dont 21 750 de part variable. Décision de la direction du budget du 10 avril 2017.

2. Rapport du 16 décembre 2016, intitulé « Compte et gestion de l'Agence de l'environnement et de la maîtrise de l'énergie ».

3. Dont 24 000 euros de part variable. Décision de la direction du budget du 22 novembre 2016.

4. Alors ministres de l'Économie et des Affaires étrangères.

travail[1]..., obtient 225 000 euros bruts par an[2]. Près de 19 000 euros par mois. Chapeau l'artiste !

1 244 agences de l'État !

Comment en est-on arrivé là ? L'inspection des Finances a enquêté sur ces « entités qui, quoique distinctes de l'État, sont étroitement contrôlées et largement financées par lui ». Ses conclusions sont atterrantes. D'abord, dans cette myriade, il n'existe pas de recensement exhaustif. Après de longues recherches, l'inspection en estime le nombre total à 1 244 ! 1 244 organismes créés, selon son rapport[3], « de façon ponctuelle, sans cohérence d'ensemble et sans réflexion systématique sur leurs conséquences pour le reste de la fonction publique ». Il y a pire. « La création de telles agences engendre des coûts importants, ajoutent les rédacteurs, alors qu'elle ne correspond pas toujours à une amélioration de la qualité du service public. » Ils concluent, stupéfaits : « [Cette création] se traduit dans certains cas par une moindre efficience (...) par rapport à une gestion en direct par l'État. » Autrement dit, ces agences n'apportent rien à leurs usagers. Mais beaucoup à leurs dirigeants.

Une annexe du rapport liste les revenus des directeurs de 250 agences. Ce document de mars 2012 n'est

1. En collaboration avec Henri Lachmann et Christian Larose.

2. Dont 40 000 de part variable. Ces montants sont publiés dans une décision de la direction du budget du 22 novembre 2016.

3. « L'État et ses agences », rapport de l'inspection des Finances, mars 2012.

toujours pas public ! Pourtant ses rédacteurs proposent d'en finir avec cette opacité d'un autre âge – ce qui venant d'inspecteurs des Finances ne manque pas de sel... Ils écrivent : la transparence sur les rémunérations les plus élevées est une pratique « largement répandue dans les pays européens y compris ceux partageant avec la France la culture latine. [Nos] pratiques apparaissent dans ce contexte assez archaïques et gagneraient à évoluer ». Seulement voilà : le commanditaire de l'étude est le Premier ministre François Fillon et il redoute le scandale. Il le confesse : certaines rémunérations peuvent « être choquantes[1] » ! Donc *motus* !

On comprend sa réticence : il est le premier responsable de cette dérive salariale. Dès que Nicolas Sarkozy et lui prennent les rênes du pouvoir, ils lancent une opération Kärcher : la Révision générale des politiques publiques (RGPP) de sinistre mémoire. L'État doit maigrir. Au moins en apparence. Il faut démanteler et externaliser l'administration. Comment ? En facilitant le détachement de fonctionnaires auprès de nouveaux établissements publics autonomes. En 2008, le gouvernement publie une circulaire à ce sujet. C'est elle qui permet tous les abus.

Avant, les « détachés » ne pouvaient bénéficier que de 15 % d'augmentation de salaire au maximum. Or, dans la circulaire Fillon de 2008, ce plafond disparaît. C'est la porte ouverte au n'importe quoi : à des négociations de marchands de tapis entre le fonctionnaire choisi, son ministre de tutelle et Bercy. « Parfois ça monte jusqu'à

1. *Le Parisien* du 17 septembre 2012.

l'Élysée[1] », explique, exaspéré, un ancien directeur du budget. Et, comme dit Alphonse Allais, « une fois qu'on a passé les bornes, il n'y a pas plus de limites »...

Mieux payés dans le public que dans le privé...

Si bien que, selon l'étude de l'inspection, le salaire moyen d'un dirigeant d'organisme public – 122 866 euros bruts par an – est désormais plus élevé en moyenne que celui de ses homologues du privé. Oui, plus élevé ! La preuve : cette étude du cabinet de recrutement CadreO[2] qui établit le salaire médian des directeurs généraux du privé à 80 000 euros bruts, soit... un tiers de moins ! Certes, tout n'est pas comparable. Évidemment, certains énarques qui rejoignent des groupes du CAC 40 gagnent trois, quatre, voire dix fois plus que dans le public. Et les P-DG d'entreprises publiques touchent jusqu'à 450 000 euros. Mais la prochaine fois qu'un haut fonctionnaire se plaindra devant vous de sa rémunération « indigente par rapport au privé », n'hésitez pas à lui rappeler cette comparaison...

Deux mois après son élection, François Hollande rompt avec la politique de ses prédécesseurs : il annonce que les salaires des dirigeants d'établissements publics ne seront plus secrets. De la promesse aux actes... Il faut attendre quatre ans. Fin 2016, le ministre des Finances, Michel Sapin, commence timidement à divulguer les

1. Entretien avec l'auteur, le 20 novembre 2016.
2. Étude publiée le 9 janvier 2015.

rémunérations de certains patrons d'établissements publics nommés depuis 2012. Mais l'information n'est pas facilement accessible : pour la trouver, il faut éplucher les décisions de la direction du budget. Il y a lecture plus riante.

Nicolas Grivel est un « Senghor », comme on dit désormais dans les coulisses du pouvoir : il a fait l'ENA avec Emmanuel Macron dans la même promotion. L'archétype du haut fonctionnaire dit de gauche. Au début du mandat de François Hollande, cet inspecteur des affaires sociales dirige le cabinet du ministre du Travail, François Rebsamen. Deux ans après, en 2014, il est recasé à la tête de l'ANRU, l'Agence nationale pour la rénovation urbaine. Une organisation créée par Jean-Louis Borloo en 2003, avec les meilleures intentions du monde. Comme son nom l'indique, cette institution s'emploie, avec un succès disons variable, à retaper ou à détruire, c'est selon, les immeubles vétustes de nos banlieues défavorisées et à en construire de neufs. Toutefois, au fil du temps, elle s'est embourgeoisée... Son siège social n'est pas à Saint-Denis ou à Sarcelles comme on pourrait s'y attendre, mais dans le VIe arrondissement de Paris, le plus chic et le plus cher de la capitale. C'est donc probablement pour lui permettre de faire les courses dans ce quartier que Nicolas Grivel a pu décrocher un si bon salaire : 171 500 euros bruts par an[1].

D'autres exemples ? Depuis 2015, le directeur de l'Institut national de l'audiovisuel (INA) est un énarque

1. Dont 26 700 de part variable. Décision de la direction du budget du 22 novembre 2016.

formé à la direction du Trésor. Il s'appelle Laurent Vallet. Pour diriger cet organisme qui gère les archives audiovisuelles, il gagne 185 000 euros bruts par an[1]. Plus là encore que le chef de l'État. Mais moins que l'ingénieur des Ponts Étienne Crépon, directeur du Centre scientifique et technique du bâtiment, organisme dont la Cour des comptes cible pourtant les « insuffisances » et une gestion en « désordre ». Qu'à cela ne tienne, il touche quand même ses 196 000 euros[2] annuels.

Ce n'est pas tout. Depuis 2015, les agences de l'État doivent informer Bercy du montant total de leurs dix rémunérations les plus élevées, primes et indemnités comprises. Là encore l'information n'est pas facilement accessible[3]. Mais elle vaut la peine d'être recherchée.

Vous connaissez peut-être l'Agence nationale de l'habitat. Cet organisme accorde des aides aux propriétaires qui veulent rénover leur logement, notamment aux plus modestes. Son financement est essentiellement assuré par la mise aux enchères des quotas carbone, soit environ 200 millions d'euros par an. Or, en 2015, dernière année disponible, le total des dix plus hauts salaires de cette agence à objectif social s'élevait à 1,6 million d'euros. Autrement dit, un cadre dirigeant y gagne en moyenne 160 000 euros par an, soit plus de 13 000 euros par mois ! Vous ne serez pas étonnés d'apprendre que son siège se trouve au bas de l'avenue de l'Opéra, juste à côté du Palais-Royal et du Louvre...

1. Décision de la direction du budget du 9 décembre 2016.
2. *Ibid.*
3. Les informations suivantes sont tirées de l'annexe au projet de loi de finances 2017, intitulée « Opérateurs de l'État »

Et que dire de l'OFII ! Créé en 1945 par le général de Gaulle, l'Office français de l'immigration et de l'intégration est chargé, à titre exclusif, de l'entrée et de l'intégration des travailleurs étrangers en situation régulière pendant les cinq premières années de leur séjour. Un temps dirigé par Arno Klarsfeld, l'avocat en rollers, l'OFII gère aussi le premier accueil des demandeurs d'asile ainsi que l'aide au retour. Le salaire moyen de ses dix plus hauts cadres : 10000 euros bruts par mois[1]. Rien de choquant ?

Reste, une fois de plus, Business France, l'organisme dirigé par Muriel Pénicaud avant qu'Emmanuel Macron ne lui offre le ministère du Travail. En 2015, les dix plus hauts salaires s'y élevaient au total à 2,348 millions d'euros bruts, soit 19500 euros par mois. Un record. Aux frais du contribuable, évidemment. Notons que Bruno Le Maire et Gérald Darmanin[2] ont accordé au nouveau patron de Business France, Christophe Lecourtier, une rémunération légèrement inférieure à celle de Muriel Pénicaud : 192000 euros bruts par an[3]. Une coquette somme.

1. Le total des dix rémunérations les plus élevées est exactement de 1 19600 euros par an.

2. Ministres de l'Économie et des Comptes publics du gouvernement Philippe.

3. Dont 20 % de part variable. Décision de la direction du budget du 3 octobre 2017.

Le salaire mirobolant du patron de Sciences Po

Et puis il y a Sciences Po... Certes, les temps ont changé. Jusqu'à son décès en 2012, son président Richard Descoings, dit « Richie », gagnait la modique somme de 537 000 euros par an ! Aujourd'hui, son successeur, Frédéric Mion, dit « le Roi Mion », émarge à 200 000 euros bruts par an. Et encore, le conseil d'administration pourrait-il ajouter une part variable. Ce montant, qui est le double du salaire moyen d'un président d'université, paraît déraisonnable à la Cour des comptes. Dans un rapport de février 2016, elle écrit : « La justification de la différence des rémunérations par l'écart des responsabilités et de charge de travail [...] reste à démontrer. »

Certes, la Cour des comptes ne peut pas dire toute la vérité. Que Sciences Po est un établissement public à part : tous les pontes des grands corps de l'État ou presque en sont administrateurs. À commencer par Jean-Marc Sauvé, le vice-président du Conseil d'État, et Marc Guillaume, le tout-puissant secrétaire du gouvernement, lui aussi membre du Conseil d'État. Comme Frédéric Mion et son prédécesseur ! Cela pourrait expliquer pourquoi ce jeune maître des requêtes a, en 2013, été élu directeur par le conseil d'administration contre un candidat dont la compétence n'est plus à démontrer : Jean-Michel Blanquer, directeur de l'Essec à l'époque et actuel ministre de l'Éducation. Et pourquoi il est si bien payé...

4

Leurs chères entreprises publiques

Aux marges de l'État, il y a aussi, bien sûr, le Graal du haut fonctionnaire insatisfait de son train de vie : l'entreprise publique, autrefois on disait nationale, genre SNCF ou La Poste.

Du vaste empire public qui, en 1981, comportait aussi bien la BNP, Havas ou Renault que France Télécom, le Crédit Lyonnais ou Elf – devenu Total –, il ne reste que quelques confettis. Selon son dernier rapport[1], l'Agence des participations de l'État (APE) ne contrôle plus que 81 entreprises, dont douze aéroports et onze ports. Les grandes entreprises dans lesquelles l'État joue encore un rôle central se comptent à peine sur les doigts des deux mains : EDF, Airbus, Engie, Aéroport de Paris ou Areva... Plus quelques petites, parfois très visibles : Radio France, France Télévisions, la Monnaie et l'Imprimerie nationale. Voilà en gros l'éden actuel des hauts fonctionnaires.

1. Rapport 2016 de l'Agence des participations de l'État.

450 000 euros maximum

Certes, ils ne peuvent plus rêver en millions d'euros. Depuis 2013, le salaire des dirigeants de ces entreprises-là est plafonné à 450 000 euros bruts par an – ce qui, convenez-en, permet de voir venir. D'autant plus qu'à tout moment ils ont le droit de retourner dans leur corps d'origine dont ils ne sont que « détachés ». Un paradis si français !

Et si justement l'État conservait ces derniers confettis uniquement pour satisfaire ses hauts cadres et non pour qu'ils assurent une aléatoire mission de stratège économique ? C'est l'idée de David Azéma. Un doux dingue ? Un chercheur en mal de publicité ? Pas vraiment, cet énarque, dont on reparlera plus tard[1], a été à la tête du cabinet de Martine Aubry au ministère du Travail, puis a été numéro deux de la SNCF. Surtout, il a dirigé l'Agence des participations de l'État de 2012 à 2014.

Début 2017, il a écrit un rapport assassin sur cet État actionnaire qu'il connaît si bien[2]. Pour lui, « la seule explication convaincante qui peut être trouvée à la persistance d'un tel portefeuille d'État est avant tout sociologique : ceux qui s'en occupent ou aspirent à s'en occuper ne veulent pas lâcher prise ». La résistance est d'autant plus forte, ajoute-t-il, qu'on est là dans un

1. Voir le chapitre « Le syndrome "Jardiland" », p. 103.
2. « Impossible État actionnaire ? », Institut Montaigne, janvier 2017.

« entre-soi qui se nourrit du concubinage entre administrations, cabinets et entreprises ». Paroles d'initié.

Banco à la Française des jeux !

« Concubinage » ? Un exemple parmi des dizaines. Après l'ENA, Stéphane Pallez a fait une bonne partie de sa carrière à la direction du Trésor, où elle a été sous-directrice en charge des... participations de l'État. Comme par hasard, elle est aujourd'hui patronne de la Française des jeux, propriété de l'État, où elle émarge à 320 000 euros[1] par an. Son numéro deux, Charles Lantieri, un polytechnicien, a été, lui, adjoint au directeur du Budget à Bercy. Il gagne 249 000 euros[2]. Sociologie quand tu nous tiens !

Dans cet entre-soi, tout serait-il permis ? Mathias Vicherat est, lui aussi, un « Senghor », un camarade de promotion d'Emmanuel Macron à l'ENA. Et comme lui, c'est un séducteur. Barbe savamment mal rasée, discrets boutons de manchettes argentés, il est, à la ville, le compagnon de la journaliste Marie Drucker. Il est aussi membre du « Siècle » et du « Club Choiseul 100 », un nouveau cénacle, très *in* et très sélect, qui réunit hauts fonctionnaires et hommes d'affaires de moins de 40 ans. Bref, un homme de réseaux et de pouvoir, ce Vicherat.

1. Dont 60 000 euros de part variable, rapport d'activité de l'Agence des participations de l'État 2015-2016.
2. Dont 47 000 de part variable, *ibid.*

Pendant cinq ans, de 2012 à 2017, ce fan de rap a été le grand chambellan de la Mairie de Paris : il dirigeait le cabinet de Bertrand Delanoë, puis d'Anne Hidalgo, « papa » et « maman » comme il dit. Depuis, le patron de la SNCF, le conseiller d'État Guillaume Pepy, l'a appelé à ses côtés, comme directeur général adjoint. Une promotion éclair qui pose bien des questions.

La SNCF et la Ville de Paris sont en négociation permanente, dernièrement pour la construction de 8 000 logements sur des terrains ferroviaires. Le nouveau directeur général adjoint de la compagnie n'est-il pas de ce fait en situation de conflit d'intérêts ? N'aurait-il pas fallu qu'il patiente quelques années dans un autre job avant de rejoindre cette société nationale ?

Entre poire et fromage, dans une salle à manger au siège de la SCNF, Mathias Vicherat répond que, sur son cas, la commission de déontologie des fonctionnaires s'est déclarée incompétente comme sur d'autres, du même genre[1] : elle ne juge que les passages dans le privé, et considère que, par nature, les détachements d'un organisme public vers un autre n'entraînent aucun conflit d'intérêts[2]. Une position de principe discutable, surtout quand on connaît le montant extravagant des salaires versés à certains cadres supérieurs de la SNCF.

1. Entretien avec l'auteur, le 13 juillet 2017.

2. Par exemple, lorsqu'Élisabeth Borne a été, en 2015, nommée présidente de la RATP, l'actuelle ministre des Transports était directrice de cabinet de Ségolène Royal. Or son ministère chapeautait les Transports et donc la Régie.

Bien qu'il ait été un militant pro-Mélenchon, Mathias Vicherat refuse de révéler combien il gagne. En la matière, il déteste la transparence. Il en fait une question de principe. Drôle de principe. On connaît pourtant le salaire de son patron. Il est public. Guillaume Pepy touche le maximum autorisé : 450000 euros bruts. En cherchant bien dans le rapport annuel de la SNCF on trouve aussi le montant cumulé des revenus des quinze dirigeants : quatre millions en 2015. Soit 266000 euros en moyenne par tête. Sans doute plus ou moins le salaire du fringant Vicherat. « Papa » et « maman » doivent être contents...

À moins que sa rémunération ne soit beaucoup plus élevée, à l'instar de celle de Florence Parly. Juste avant de devenir ministre des Armées, elle était directrice générale de SNCF Voyageurs. Or, grâce à sa déclaration de patrimoine à la Haute Autorité pour la transparence de la vie publique, on a appris que, pendant le premier semestre 2017, elle a touché la somme faramineuse de 52000 euros nets par mois[1] ! Dans une entreprise publique ! Cela mériterait peut-être des explications officielles...

Salaires mirobolants à La Poste

Tout est permis ? En 2015, la Cour des comptes publie un rapport sur les rémunérations des cadres dirigeants de La Poste, « incarnation du service public sur

1. Déclaration de Florence Parly à la Haute Autorité pour la transparence de la vie publique.

tout le territoire». On découvre que 170 d'entre eux, dont la moitié de hauts fonctionnaires, gagnent plus de 150 000 euros par an... 170 ! Et tous bénéficient gracieusement d'une voiture «mise à disposition pour leurs déplacements professionnels et personnels», véhicule qui peut être utilisé y compris «par les conjoints et les enfants» ! Ce n'est pas tout. Tandis que le patron de La Poste, le conseiller d'État, membre du «Siècle», Philippe Wahl, touche le maximum autorisé de 450 000 euros, certains anciens de la maison gagnent plus de 200 000 euros par an pour «des fonctions imprécises, voire non désignées». Pour ne pas dire, 200 000 euros à ne rien faire ! Tout cela, écrivent les magistrats, constitue «un risque [pour la] réputation de l'État». D'autres parleraient de «scandale»... Maniant l'euphémisme, les magistrats concluent leur rapport éreintant par une mise en garde : «Il conviendra, à l'avenir, de mieux lier l'évolution des rémunérations des cadres dirigeants aux résultats de l'entreprise.» Bonne idée...

La «Caisse», refuge de luxe

Tout est permis ? Brassant plus de 130 milliards d'euros, la Caisse des dépôts et consignations (CDC) est, selon l'expression consacrée, «le bras financier armé de l'État». Ses 6 000 salariés gèrent, entre autres, tous les livrets A, les finances de la Sécu et de 48 fonds de retraite. L'argent du peuple. Pourtant certains la surnomment aussi « le refuge de luxe » des amis du Prince[1].

En fait, la CDC est le réseau des réseaux. La quintessence de l'endogamie et de l'entre-soi. Jugez plutôt cet entrelacs : François Hollande a nommé ses copains de promo, Jean-Pierre Jouyet et Pierre-René Lemas, comme patrons de la Caisse. Il en fera aussi ses secrétaires généraux de la présidence. Ce n'est pas tout. Prenez Bernard Cottin, autre « voltairien ». À l'époque, il est le compagnon de Claudine Ripert, une des attachées de presse de l'Élysée, dont l'ancien époux Jean-Maurice Ripert, nommé ambassadeur à Moscou par François Hollande, est lui aussi un « voltairien ». Vous suivez ? Et bien qu'« un peu désœuvré », selon Sophie Coignard et Romain Gubert[2], Bernard Cottin « s'est lui aussi replié rue de Lille [siège de la Caisse] comme "chargé de mission auprès du directeur général" ». Un tout petit monde, n'est-ce pas ?

Et plutôt juteux. Le 23 décembre 2016, le président de la Cour des comptes, Didier Migaud, adresse au ministre des Finances, Michel Sapin, un rapport particulièrement cinglant[3]. Le sujet : les dépenses de fonctionnement de la Caisse, le bas de laine des Français les plus modestes. On y apprend que son patron, le « voltairien » Pierre-René Lemas, perçoit 349 871 euros de salaires. Et surtout que les multiples directeurs de branche

1. Selon Sophie Coignard et Romain Gubert dans leur remarquable enquête, *La Caisse. Enquête sur le coffre-fort des Français*, Seuil, 2017.
2. *Ibid.*
3. Référé du 23 décembre 2016 du président de la Cour des comptes.

touchent entre 269889 et 416950 euros ! Livrets A, vaches à lait de la République ?...

1,3 million pour l'ancien dir' cab' de Fillon

La Caisse réserve d'autres surprises. Notamment dans sa filiale d'assurances, la CNP. Après son élection, François Hollande se met, comme c'est l'usage républicain, en quête d'un beau poste pour l'ancien directeur de cabinet du Premier ministre sortant, François Fillon. L'énarque Jean-Paul Faugère pourrait revenir dans sa maison d'origine, le Conseil d'État. Ce n'est pas son souhait. Le secrétaire général adjoint de l'Élysée, Emmanuel Macron, appelle alors son ancien chef de corps à l'inspection des Finances, Jean-Pierre Jouyet, patron de la Caisse à l'époque, pour lui demander de lui trouver une belle sinécure. La présidence de la CNP est libre. Le postulant connaît-il le secteur de l'assurance ? Quelle importance ! Une seule chose compte : en 2016, Jean-Paul Faugère a gagné plus de 302000 euros et 1,3 million depuis sa nomination par la gauche !

L'histoire ne s'arrête pas là. Les deux adjoints de Jean-Paul Faugère sont, eux aussi, des énarques, dont l'un a été sous-directeur des assurances à Bercy. Un hasard sans doute. En 2016, ces deux-là ont gagné chacun 599386 euros. Beaucoup plus que le plafond des 450000 euros, direz-vous. C'est vrai, mais il ne s'agit pas de dirigeants officiels de la CNP, de « ses mandataires sociaux », donc le montant de leur rémunération n'est pas limité. La loi est respectée à la lettre. Quant à son esprit... Notons que l'ancienne directrice générale de SNCF Voyageurs, Florence Parly, était dans le même cas[1].

Décoré comme un maréchal soviétique

Revenons à la CNP. Une personnalité que nous avons déjà croisée siège à son conseil d'administration. En 2015, elle a touché 85 000 euros de jetons de présence. C'est cette énarque ancienne du Trésor, devenue présidente de la Française des jeux, Stéphane Pallez. On se demande bien pourquoi elle administre un groupe d'assurances, si ce n'est pour des raisons... sociologiques. On se demande aussi s'il est bien normal qu'une responsable d'entreprise publique comme elle touche des jetons de présence dans une autre. Tout est permis ?

Au conseil de surveillance de la Caisse, on trouve un haut fonctionnaire bien sous tout rapport. Ancien secrétaire général de la Défense nationale, Jean Picq a été président de chambre à la Cour des comptes. Il est décoré comme un maréchal soviétique : officier des Palmes académiques, officier de la Légion d'honneur, chevalier de l'ordre du Mérite maritime et du Mérite agricole, commandeur des Arts et des Lettres... Bref, c'est un citoyen modèle.

Est-ce à ce titre qu'il a été nommé administrateur de la CDC ? En tout cas, c'est lui qui occupe l'un des

1. Voir ci-dessus p. 63.

sièges réservés à la Cour des comptes et tant pis s'il est à la retraite depuis 2011. En fait, ça tombe bien : ce maroquin lui rapporte une indemnité de 27 000 euros en 2015. De quoi mettre du beurre dans sa pension.

La retraite en or de Jean-Claude Trichet

Ah, un conseil d'administration ! Pour un haut fonctionnaire, c'est fromage, dessert et pousse-café. Or les énarques demeurent, avec les polytechniciens, les mieux représentés[1] parmi les administrateurs des grands groupes. Comme si les privatisations n'avaient rien changé au capitalisme français... Prenez justement Jean-Claude Trichet, directeur de cabinet du ministre de l'Économie, Edouard Balladur, en 1986, au moment de la première vague de « dénationalisations », comme on disait à l'époque. Ancien gouverneur de la Banque de France et de la Banque centrale européenne (BCE), cet inspecteur des Finances de 75 ans est l'incarnation du haut fonctionnaire français – un modèle pour beaucoup.

Cheveux blancs en bataille, montre Google au poignet, il reçoit chaleureusement dans un splendide appartement meublé Empire donnant sur les jardins du Palais-Royal. « C'était ma résidence de fonction quand, en 1993, j'ai été nommé à la tête de la Banque de France, raconte-t-il avec un large sourire. Mais je ne l'ai pas occupé : il était trop grand. J'en ai fait un lieu de

1. Étude des *Échos* du 2 juin 2014.

réception pour les gouverneurs honoraires, dont je suis maintenant[1]. » À la retraite ? Pas tout à fait...

Début 2013, Jean-Claude Trichet a été désigné administrateur d'Airbus comme représentant de l'État qui détient 11 % du capital. Une sinécure. En 2016, le conseil d'administration s'est réuni six fois. À chaque reprise, il était présent. Il a donc encaissé le maximum de jetons de présence : 160 000 euros. Depuis quatre ans, 585 000. De quoi arrondir sa pension de gouverneur honoraire. Mais, au fait, pourquoi se retrouve-t-il là, lui qui a fait sa carrière dans la finance, pas dans l'aéronautique ? « Détrompez-vous, lance-t-il en fronçant ses épais sourcils, j'ai été conseiller aéronautique d'un président français. » Lequel ? « Giscard. » C'était en 1974, il y a plus de quarante ans ! Oui, immuable France.

Les jetons de présence de Mme Idrac

Et puis, il y a un autre modèle, féminin celui-là : Anne-Marie Idrac, énarque, épouse d'énarque[2], ancienne patronne de la RATP et de la SNCF. Elle collectionne les jetons de présence, comme d'autres les boutons de manchettes. Elle est administratrice à la fois de Bouygues, de Total et de Saint-Gobain. Une sorte de record. Au total, rien qu'en 2016, ces trois

1. Entretien avec l'auteur, le 14 septembre 2017.
2. Voir le chapitre suivant.

maroquins lui ont rapporté 194 144 euros[1]. Ce n'est pas tout.

En 2015, elle a été désignée présidente du Conseil de surveillance de l'aéroport Toulouse-Blagnac, après que le ministre de l'Économie, Emmanuel Macron, l'a cédé à un groupe chinois tout en conservant 10 % du capital pour l'État. Une chose explique-t-elle l'autre ? En 2017, Anne-Marie Idrac a fait campagne pour le jeune inspecteur des Finances. Celui-ci a même envisagé de la nommer ministre. Son patrimoine a été étudié par la Haute Autorité pour la transparence de la vie publique. Finalement, Emmanuel Macron ne l'a pas retenue.

1. Calcul de l'auteur à partir des rapports annuels de Saint-Gobain, Total et Bouygues.

5

Les couples d'État

C'est une histoire de conflit d'intérêts conjugal, comme on en trouve de plus en plus souvent dans la haute administration. En 2001, à l'ENA, la rousse Claudia Ferrazzi rencontre un grand jeune homme au visage émacié, Fabrice Bakhouche. Ils se marient, font plusieurs enfants. Et mènent leurs carrières dans le même domaine : la culture et la communication. De belles carrières.

Fabrice devient le conseiller du chef du gouvernement, Jean-Marc Ayrault, sur ces sujets, tandis que Claudia est numéro deux du musée du Louvre ; Fabrice prend la direction du cabinet de la ministre de la Culture, Fleur Pellerin, qu'il a rencontrée à la Cour des comptes, tandis que Claudia est secrétaire générale de la villa Médicis à Rome, la prestigieuse résidence pour artistes. Puis survient l'aventure Macron.

Le nouveau « power couple » *de la culture*

Claudia et le futur président se connaissent depuis 2007. À l'époque, elle vient de rejoindre l'inspection des Finances, dont il est le numéro deux. Ils sympathisent. Les couples deviennent amis. Ils fréquentent aussi souvent Alexis Kohler, voisin de bureau de Fabrice à l'Agence des participations de l'État, qui deviendra secrétaire général de l'Élysée en mai 2017.

Dès le début de la campagne présidentielle, Fabrice, qui est revenu à la Cour des comptes, travaille dans l'équipe d'En marche !. Avec Marc Schwartz[1], issu du même corps que lui, il rédige le programme culturel du candidat. Et voilà qu'à peine installé à l'Élysée Emmanuel Macron choisit sa copine de l'inspection, Claudia Ferrazzi, comme conseillère culturelle, notamment en charge de l'édition. Au début, le choix de la jeune Franco-Italienne fait l'unanimité.

Sauf que, dix jours plus tard, le 30 mai 2017, Fabrice est nommé directeur de la stratégie d'Hachette Livre, premier éditeur français. Coup de froid : en acceptant ces deux postes majeurs, l'un dans le public l'autre dans le privé, le nouveau «*power couple*» de la culture aurait-il franchi la ligne jaune de l'éthique ? «Les deux nominations ne sont pas liées, assure Fabrice Bakhouche dans un café du boulevard Raspail. J'étais en discussion avec Hachette bien avant l'élection d'Emmanuel Macron. Et, à ce moment-là, je n'ai pas informé mes futurs employeurs que je travaillais dans son équipe de campagne[2].» Soit.

Mais, à l'évidence, Claudia Ferrazzi se trouve en situation de conflit d'intérêts, telle que définie par le

1. Voir le chapitre «Ces drôles de consultants», p. 197.
2. Entretien avec l'auteur, le 21 septembre 2017.

Conseil de l'Europe, c'est-à-dire lorsqu'un « agent public a un intérêt personnel de nature à influer ou paraître influer sur l'exercice impartial et objectif de ses fonctions officielles ». Le texte précise que cet « intérêt englobe tout avantage pour [l'agent] ou en faveur de sa famille... » Il est à noter que la simple apparence suffit à qualifier la situation de conflit d'intérêts.

La conseillère présidentielle comprend vite le risque d'être accusée et décide de se « déporter », autrement dit se récuser, sur les sujets concernant Hachette et sur ceux de « son actionnaire Lagardère[1] ». « Les dirigeants du groupe en ont été informés », précise son mari, Fabrice Bakhouche. Ont-ils mal compris ? De juin à septembre 2017, sa femme « a décliné deux demandes de rendez-vous dans ce cadre, qui ont été gérées par la secrétaire générale adjointe de l'Élysée, Anne de Bayser[2] ». Sage décision. Mais on peut s'interroger sur la façon dont Claudia Ferrazzi, qui s'occupe aussi officiellement du secteur de la communication, peut assurer pleinement ses fonctions si, comme elle le doit, elle se « déporte » chaque fois qu'il est question du géant Lagardère, propriétaire d'Hachette, mais aussi d'Europe 1, de *Paris Match*, du *Journal du dimanche*... Ironie de l'histoire : quand il était chez Rothschild, le futur président était le banquier conseil du groupe Lagardère.

1. SMS de Fabrice Bakhouche à l'auteur, le 21 septembre 2017.
2. *Ibid.*

Florence Parly, ou le double « déport »

Le couple Ferrazzi-Bakhouche n'est pas le seul dans l'équipe Macron à se trouver dans cette situation délicate. Voyez leurs aînés, Martin Vial et Florence Parly. Le lien conjugal de ces hauts fonctionnaires de gauche a déjà posé un problème en 2002, après la victoire de Jacques Chirac à la présidentielle. Lionel Jospin avait fait de Florence, énarque de la promotion Braudel et fille d'une conseillère d'État, la benjamine de son gouvernement, en charge du budget. Et il avait bombardé son compagnon, Martin, directeur général de La Poste. Lorsque la droite revient au pouvoir, celui-ci est remercié. Du fait, dit-on, de ses liens avec l'ancienne secrétaire d'État. Mais, bon prince, Jacques Chirac le recase à la Cour des comptes. Douce France...

Quinze ans plus tard, en juin 2017, Martin Vial est un sexagénaire toujours bien mis qui dirige l'Agence des participations de l'État. Il a été nommé à ce poste prestigieux en 2015 par les patrons de Bercy à l'époque : Emmanuel Macron et Michel Sapin, ex-collègue de gouvernement de Florence.

La secrétaire d'État, elle, est devenue une personnalité du Tout-Paris et du monde des affaires. Membre du « Siècle », elle préside le Conseil d'administration de l'Orchestre de Paris, deux cénacles de prestige. Et elle cumule les postes lucratifs : directrice générale de SNCF Voyageurs, elle siège dans plusieurs conseils d'administration, dont ceux d'Altran et de Zodiac Aerospace, où elle représente le groupe Edmond de

Rothschild. Selon le calcul de Mediapart[1], elle a récolté au total 568213 euros en 2016 ! Mais cette énarque, qui n'a toujours pas démissionné de la fonction publique, espère mieux.

Juste après l'élection d'Emmanuel Macron, elle se porte candidate à la présidence de la RATP, poste vacant depuis la nomination de sa dernière titulaire, l'ingénieur des Mines Élisabeth Borne, à la tête du ministère des Transports. Mais il y a un souci : l'Agence des participations de l'État (APE) a son mot à dire dans ce choix puisque l'État est propriétaire à 100 % de la régie. Pour ne pas être en situation de conflit d'intérêts, Martin Vial annonce qu'il se retire du comité de sélection. Il y revient en juin quand Florence sort de la compétition.

Dans le gouvernement Philippe 2, l'énarque Sylvie Goulard – elle aussi mariée à un énarque[2] – ne retrouve pas son poste de ministre des Armées, sans d'ailleurs que les raisons de ce départ soient clairement exposées. Emmanuel Macron décide de la remplacer par Florence Parly, dont il connaît évidemment les liens avec Martin Vial.

Cette nomination place le couple de nouveau en situation de conflit d'intérêts. Car l'APE gère les participations de l'État dans les entreprises à capitaux publics du secteur de la défense : Thalès, Safran et Airbus. Là encore, Martin Vial annonce qu'il se déporte : c'est son

1. « Le mystérieux parachute de Florence Parly, licenciée d'Air France », Laurent Mauduit, Mediapart, 5 novembre 2017.
2. Voir le chapitre « Scandale aux impôts », p. 141.

adjoint qui traitera de tous les dossiers liés à cette industrie pourtant centrale dans la stratégie de l'État actionnaire. Autrement dit, c'est l'État qui doit, aujourd'hui, s'adapter à la vie conjuguale de ses grands commis, et non l'inverse.

Tout commence avec Kouchner et Ockrent...

Le renversement date, semble-t-il, de 2008 quand Nicolas Sarkozy propulse la journaliste Christine Ockrent à la direction générale de l'audiovisuel extérieur, qui regroupe France 24, RFI et TV5 Monde. Contre toute logique, ce nouvel organisme est placé sous la tutelle du ministère de la Culture et non du Quai d'Orsay. Et cela pour simple convenance familiale ! Selon un rapport parlementaire publié trois ans plus tard, Alain Juppé, alors ministre des Affaires étrangères, confirme que « cette décision insatisfaisante résultait de motifs purement conjoncturels, à savoir la volonté d'écarter le risque de conflit d'intérêts lié aux fonctions exercées respectivement par M. Bernard Kouchner, alors ministre des Affaires étrangères, et son épouse, Mme Christine Ockrent[1] ». La voie est ouverte. L'administration doit trouver des arrangements pour permettre aux conjoints de poursuivre leurs carrières respectives. Et tant pis si ces accommodements sont parfois bancals.

1. Audition d'Alain Juppé, le 30 novembre 2011, devant la commission des Affaires culturelles de l'Assemblée nationale.

Agnès Buzyn, ministre amputée

Prenez Agnès Buzyn, hématologue réputée, nommée ministre de la Santé par Emmanuel Macron. Elle est mariée en secondes noces à Yves Lévy qui dirige l'Inserm, l'Institut national de la santé et de la recherche médicale, sur lequel le ministère de la Santé exerce une cotutelle. Pour étouffer dans l'œuf toute accusation de conflit d'intérêts, le gouvernement annonce illico qu'Agnès Buzyn se déportera dès que l'Inserm sera au menu, et qu'elle sera remplacée dans ce rôle par le Premier ministre en personne.

Mieux, afin de lever tout doute, Édouard Philippe prend, le 29 mai 2017, un décret stipulant, noir sur blanc, que « la ministre des Solidarités et de la Santé ne connaît pas des actes de toute nature relatifs à l'Institut national de la santé et de la recherche médicale [Inserm]. (...) Les attributions correspondantes sont exercées par le Premier ministre[1] ». Autrement dit : la responsable de la politique sanitaire française ne doit rien savoir de l'activité de l'organisme qui s'occupe de la recherche médicale d'État. Une décision inévitable mais, à l'évidence, difficilement tenable.

D'ailleurs, quelques semaines plus tard, le 2 octobre 2017, Agnès Buzyn prend, avec sa collègue de l'Enseignement supérieur, une décision qui, selon *Marianne* et *Le Canard enchaîné*, va dans le sens d'une demande de son mari, Yves Lévy... Elle concerne un sujet important

1. Décret n° 2017-1088 du 29 mai 2017.

mais assez obscur : la ministre s'oppose au lancement de nouveaux instituts hospitalo-universitaires sous forme de fondation – projet contre lequel le patron de l'Inserm se bat depuis longtemps. Conflit d'intérêts ?

« L'entourage d'Agnès Buzyn fait observer que [...] c'est Matignon qui a porté la position de l'Inserm[1] », rapporte *Marianne*, qui a révélé l'affaire. « Le hic, ajoute l'hebdomadaire, c'est que la décision n'a finalement pas été signée par Matignon mais bien par la ministre... Un proche du dossier estime par ailleurs que si Agnès Buzyn n'a pas pesé elle-même dans cet arbitrage, le seul fait qu'Yves Lévy soit le mari de la ministre a renforcé son poids dans la négociation. "Si ça, ce n'est pas du conflit d'intérêts, il ne peut jamais y avoir de conflit d'intérêts", peste cette source. Le genre de soupçon qu'aucun décret ne pourra éteindre. À tort ou à raison. »

La même mésaventure est arrivée, trois ans plus tôt, à Geneviève Fioraso, ministre de l'Enseignement supérieur et de la Recherche durant le quinquennat de François Hollande. En 2014, la Haute Autorité pour la transparence de la vie politique demande que soit pris un décret la déchargeant de toute décision relative à la recherche au sein du Commissariat à l'énergie atomique (CEA). Motif : son mari en est le responsable. Or la presse découvre un peu plus tard qu'un labo soutenu par le CEA a récolté 274 millions d'euros du budget national alors que le reste du secteur était au

1. « Conflit d'intérêts : cette décision de la ministre Agnès Buzyn qui a bien fait les affaires de son mari », *Marianne*, le 11 octobre 2017.

régime sec ! La ministre a répondu qu'elle n'y était pour rien, qu'elle avait même découvert la chose après et par hasard. Rien ne permet de mettre en doute sa parole. Mais, comme on l'a vu, les apparences suffisent pour qualifier une situation de conflit d'intérêts.

Fatome et « Fatômette »

Un autre couple flirte depuis des années avec la ligne rouge. Thomas Fatome et Carine Chevrier sont inséparables. Ils ont fait HEC puis l'ENA ensemble et ont tous les deux choisi, en 2000, d'entrer à l'inspection des Affaires sociales. Six ans plus tard, Thomas, haut fonctionnaire de droite, dirige le cabinet de Laurent Wauquiez, secrétaire d'État à l'Emploi, alors que Carine est numéro deux de Pôle... emploi. Qui s'en soucie ? Apparemment personne. Alors on continue.

En 2012, Thomas Fatome prend la direction de la Sécurité sociale, tandis que sa femme Carine est directrice financière de l'Assistance publique-Hôpitaux de Paris. Ils pourront se voir plus souvent : du fait de ses nouvelles fonctions, son mari devient, en effet, membre du conseil de tutelle de l'AP-HP... Sous les lambris de l'État, on commence alors à la surnommer « Fatômette », tant elle est dynamique et semble inséparable de son mari. Et cela continue : en mai 2017, Thomas prend encore du galon et se retrouve directeur adjoint du cabinet d'Édouard Philippe, chargé notamment des dossiers sociaux. Ça tombe bien : « Fatômette » est devenue, elle, directrice générale à l'Emploi et à la Formation professionnelle...

Sortis de l'ENA une décennie plus tard, deux brillants inspecteurs des Finances mariés à l'été 2016, Justine Coutard et Paul Bazin de Jessey, semblent emprunter un chemin similaire. En octobre 2017, Paul, frère de la présidente de Sens commun, l'association anti-mariage gay qui a soutenu François Fillon pendant la campagne présidentielle, est nommé directeur des affaires institutionnelles de Pôle emploi. Or, au même moment, le ministre des Comptes publics, Gérald Darmanin, réfléchit à des coupes massives dans le budget de cet établissement public. Et qui suit le dossier dans son cabinet? La femme de Paul, Justine. Les discussions au petit déjeuner doivent être animées...

L'ENA, fabrique de couples d'État

Depuis une dizaine d'années, l'ENA est, à l'évidence, devenue une fabrique de «*power couples*». Certes l'École a, dans le passé, produit des unions parfois célèbres. La promotion Voltaire a vu naître les amours de François et Ségolène. Ou, comme on l'a vu[1], ceux de Sylvie Hubac, future directrice de cabinet du président Hollande, et de Philippe Crouzet, sorti major une année plus tard, qui deviendra P-DG de l'équipementier Vallourec. Avant eux, il y a eu Anne-Marie et

1. Voir le chapitre «Fromages *et* desserts», p. 49.

Francis Idrac, issus de la promotion Simone Weil en 1974. Mais ils étaient des exceptions.

Ces hymens sont devenus la règle. Pour deux raisons, selon les intéressés : la féminisation de l'ENA, où les filles représentent aujourd'hui plus de 40 % des étudiants, et le transfert de l'École à Strasbourg, exil très propice, dit-on, au resserrement des liens bien que – ou parce que... – l'École soit installée dans un ancien couvent. À quoi il faut ajouter le choix des femmes et des hommes d'aujourd'hui de ne pas s'effacer pour faciliter la carrière de leur conjoint.

Ces familles d'État qui nous gouvernent

Bientôt donc arriveront en masse à l'ENA des élèves dont les deux parents, voire les grands-parents, seront énarques. La haute administration risque alors d'être confisquée par ces familles d'État toutes-puissantes.

La promotion « Senghor » offre un avant-goût de cet avenir fort peu démocratique. Sébastien Veil est le petit-fils de deux anciens de l'ENA. Sa grand-mère, Simone, a donné son nom à une promotion de la prestigieuse école. Comme son grand-père Antoine, il est sorti « dans la botte », autrement dit parmi les premiers. Il a choisi le Conseil d'État. Sa future femme Sibyle aussi.

En 2007, ils rejoignent ensemble l'équipe de Nicolas Sarkozy à l'Élysée. Cela ne s'était jamais vu. Elle est conseillère santé, travail et logement. Lui suit la réforme du licenciement collectif – trop molle au final, à son goût. « Pour moi, confiera-t-il, le vrai problème économique de la France est la rigidité du marché du travail. [Mais] les Français ne sont pas prêts pour les réformes[1]. »

Alors Sébastien Veil quitte le Palais et entre dans la banque d'affaires. Aujourd'hui il est un des financiers les plus puissants de Paris. Toujours en disponibilité du Conseil d'État, il dirige le bureau parisien du deuxième fonds d'investissement au monde, Advent. Et il est entré au « Siècle » lorsque son oncle Jean présidait encore le club favori de l'establishment. Sibyle, elle, poursuit sa carrière dans le public. Le président de Radio France, Mathieu Gallet, a eu la riche idée d'en faire sa numéro deux.

Les Bérard-Andrieu,
la plus grande dynastie d'énarques

Et puis, il y a les Bérard-Andrieu, la famille d'État par excellence. Un cas unique. La blonde Marguerite Bérard est de droite, le poivre-et-sel Thomas Andrieu, de gauche. Elle sort major de la promotion « Senghor » et choisit l'inspection des Finances. Lui opte pour le Conseil d'État. Repérée dès sa sortie de l'École par Nicolas Sarkozy, elle fait partie du collège des dix qui, dès 2005, prépare son programme économique. Deux ans plus tard, elle rejoint l'Élysée comme conseillère sociale, où elle travaille auprès de l'éternel

1. *Décideurs magazine*, 30 octobre 2014.

Raymond Soubie[1], le M. Social de la droite depuis Pompidou. Quand François Hollande arrive au pouvoir, elle fonce dans la banque, à la BPCE, tandis que son mari devient numéro deux du cabinet de Manuel Valls. En 2016, après l'avoir nommé à la tête de son cabinet, le garde des Sceaux, Jean-Jacques Urvoas, précise que Thomas Andrieu « s'abstiendra de connaître toute question qui toucherait la BPCE ». Pour éviter tout conflit d'intérêts. Probablement un souci constant dans une telle famille.

Quand ils se marient dans un petit village de l'Oise, les invités découvrent la généalogie sans pareil des jeunes époux. Leurs pères respectifs, Jean-Michel Bérard et Jacques Andrieu, sont eux aussi énarques. Et préfets. Thomas est même petit-fils d'un troisième préfet, Robert Andrieu. Tandis que son grand-père maternel, André Postel-Vinay, fut résistant et inspecteur des finances. Ce n'est pas tout.

La mère de la mariée, Marie-Hélène Bérard, a également fait l'ENA où elle a rencontré son second mari. Elle a été conseillère sociale de Jacques Chirac, auquel elle a été présentée par le même Raymond Soubie qui recrutera sa fille trente ans plus tard... Son fils, le frère donc de Marguerite, Paul a, lui aussi, fréquenté l'ENA. Où il a, lui aussi, rencontré sa future femme, Carole Bousquet-Bérard. Candidat malheureux à la députation sous la bannière Les Républiqains (LR), Paul est aujourd'hui rapporteur du Haut Conseil des finances publiques. Son épouse est sous-directrice à la délégation à

1. Voir le chapitre « Ces drôles de consultants », p. 197.

l'Emploi. Imaginez les repas de famille quand tous ces énarques sont réunis...

Notons, pour conclure, que Marguerite, son mari, sa mère et son père sont tous les quatre membres du « Siècle ». Une première dans l'histoire du club préféré de la nomenklatura française. Malgré tout cela, ou peut-être à cause, Emmanuel Macron, son camarade de promotion devenu président, a refusé, à l'automne 2017, de confier à Marguerite Bérard la direction de la Caisse des dépôts[1]. Pourtant, beaucoup dans sa famille l'y voyaient déjà.

1. Il lui a préféré l'ex-patron de Generali France, Éric Lombard, un des piliers des Gracques.

6

Les ménages du Conseil d'État

« C'est la lutte finale !... » Curieuse sonnerie de téléphone. Surtout pour un ancien président du Conseil constitutionnel[1] ! « Ne soyez pas surpris : *L'Internationale*, c'est un copain de gauche qui m'appelle, s'amuse Jean-Louis Debré. Pour un ami de droite, vous auriez entendu *La Marseillaise*. » Ce bon vivant côtoie tout le monde. Du personnel politique et administratif, il sait les grandeurs et les travers. Fils du rédacteur de la Constitution, ancien ministre de l'Intérieur et ex-président de l'Assemblée nationale, cet ami intime de Jacques Chirac connaît comme personne les coulisses de la République. Ses secrets et ses petits privilèges. Mais il y en a qui le mettent particulièrement en colère. Ceux du Conseil d'État.

Jean-Louis Debré pratique cette institution depuis longtemps. Pendant neuf ans, il passait tous les jours devant. Conseil d'État et Conseil constitutionnel sont abrités au sein du même ensemble monumental : le Palais-Royal, qui fut l'une des résidences de Louis XIV

1. Voir ses Mémoires du Conseil constitutionnel dans *Ce que je ne pouvais pas dire*, Robert Laffont, 2016.

enfant. Ici, pourtant, le grand homme c'est Napoléon Bonaparte, créateur du Conseil d'État moderne. La grande salle de travail porte son nom. Dans celle de la section de l'intérieur trône un portrait de Cambacérès, archichancelier de l'Empire. La IIIe République, qui a transformé l'institution, est aussi célébrée. Son peintre quasi officiel, Henri Martin, a décoré l'imposante salle de l'Assemblée générale. Quatre vastes panneaux intitulés : « La France laborieuse se présentant devant le Conseil d'État »... C'est dire le respect qu'il suscitait à l'époque.

« Le premier fonctionnaire de France »

Mal connue du grand public, l'institution dispose toujours d'un pouvoir considérable. Depuis de Gaulle, qui n'aimait guère son esprit indépendant, elle occupe une double fonction : elle est à la fois conseil du gouvernement en matière juridique et tribunal administratif suprême, celui qui, après l'appel, tranche définitivement les différends entre un justiciable et les autorités publiques. Son patron, le vice-président[1], est officiellement le « premier fonctionnaire de France ».

C'est lui, en l'occurrence actuellement Jean-Marc Sauvé, qui présente au président de la République les vœux de la fonction publique. Si bien que, de fait, le

1. Officiellement c'est le Premier ministre qui préside le Conseil d'État, ou plus précisément qui peut présider son assemblée générale, ce qui se produit très rarement.

Conseil d'État constitue le premier corps de l'État, devant l'inspection des Finances et la Cour des comptes. Parmi les grands anciens : Stendhal, Léon Blum, Michel Debré, Georges Pompidou, Laurent Fabius ou Édouard Balladur. Ses trois cents membres actuels – moitié énarques, moitié nommés par le gouvernement au « tour extérieur » – constituent l'élite de l'élite.

Une centaine ont quitté la maison pour un poste ailleurs dans l'administration ou dans le secteur privé. Les deux cents restants font souvent toute leur carrière dans cette maison. « C'est un cocon », dit l'un. « Le liquide amniotique », renchérit l'autre. « Un club anglais », glisse un troisième. La vie y est très confortable. Selon le nombre de dossiers traités et son ancienneté, un jeune auditeur frais émoulu de l'ENA gagne entre 3000 et 4000 euros nets par mois. Un conseiller d'État entre 9000 et 11000 nets et un président de chambre environ 19000 euros bruts. Sans compter, bien sûr !, les « à-cotés ».

Les « ménages » du Conseil

« Vous connaissez les "ménages" du Conseil ? demande Jean-Louis Debré, l'œil gourmand. C'est comme cela que cette tribu appelle les petits boulots qui leur rapportent de jolis compléments de salaires. » Prenez Daniel Labetoulle. Président de section honoraire, ce septuagénaire est toujours l'un des plus admirés de la maison. « Une intelligence hors du commun », affirme l'un de ses pairs. « Il est l'un des plus grands esprits du Conseil d'État, il a créé le référé», s'extasie un autre. «Il est aussi, sans conteste, le champion des "ménages"», glisse un troisième qui refuse absolument d'être identifié.

Bien qu'il soit à la retraite depuis 2007, Daniel Labetoulle est toujours un homme très influent. Il dispose d'un badge d'entrée au Palais-Royal, bâtiment très sécurisé. Mais il n'a plus de bureau. Il reçoit dans la salle des pas perdus. Cheveux blancs bien mis, pochette blanche, l'homme est trapu et élégant. Un retraité très actif. «Je ne saurais rester tout le temps dans ma maison de campagne, à Royan[1] », confie-t-il l'œil pétillant et sur le qui-vive. Enfant, il était champion d'échecs. Puis il a passé l'ENA. C'était en 1966, sous de Gaulle. Au bout de quelques années, il accumule les «ménages».

« Ce cumul est insensé »

«Pendant dix ans, j'ai été le conseil juridique de la direction des routes, d'EDF aussi. Je gagnais l'équivalent de 1 500 euros par mois [pour chaque entité]», confie-t-il. En plus, bien sûr, de sa rémunération de conseiller d'État. Il n'est pas le seul à profiter de ce genre d'à-côté, loin s'en faut.

La chasse à ce type de «ménages» est l'un des sports favoris de l'institution. Tout le monde connaît les tarifs. «Pour conseiller l'Institut national de l'audiovisuel (INA),

1. Entretien avec l'auteur, le 14 septembre 2017.

c'est entre 2000 et 3000 euros par mois», révèle un ancien. «Au musée du Quai Branly, je touchais 900 euros nets par mois», confie un maître des requêtes. Avant d'être sénateur, le conseiller d'État Philippe Bas était, lui, conseil juridique de la RATP. Un «ménage» qui lui rapportait 40000 euros par an[1]. Une pratique très commune, donc, mais bien étrange. «Comment se fait-il qu'un magistrat dont la fonction est d'être conseil du gouvernement puisse être rémunéré en plus comme conseil d'une administration ou d'un établissement public qui, en outre, dispose déjà d'une direction juridique? demande Jean-Louis Debré. Ce cumul est insensé, non?»

Ce n'est pas tout. Daniel Labetoulle continue de détailler ses «ménages» : «J'étais aussi directeur du *Cahier juridique de l'électricité et du gaz*, une activité rémunérée, bien sûr.» Combien? Il ne le dit pas. Les revues sont aussi des sinécures très recherchées par les membres du Conseil. Des compléments de revenus assez modestes. «Un article sur ses propres conclusions rapporte environ 100 euros, mais on peut en faire quatre ou cinq par mois, dévoile un jeune auditeur. Ça met du beurre dans les épinards.»

Jean-Ludovic Silicani est, lui, l'un des grands anciens. Major de la célèbre promotion Voltaire, celle de François Hollande, il est président de la section des travaux publics. «Je préside aussi la revue sur la transition énergétique, *Énergie-Environnement-Infrastructures*.

1. Déclaration du sénateur Philippe Bas à la Haute Autorité pour la transparence de la vie publique.

J'y commente la loi sur le sujet. Cela me rapporte 6000 euros nets par an[1] » !

Les « ménages » du Conseil

Et puis, il y a les « ménages » en or. Ceux qui font l'objet des bagarres les plus féroces : être membre du collège d'une autorité administrative indépendante, une AAI. Mieux, en présider une. Les plus connues : le Conseil supérieur de l'audiovisuel (CSA), la Commission nationale de l'informatique et des libertés (CNIL), ou encore l'Autorité des marchés financières (AMF). Outre ses activités diverses, Daniel Labetoulle était, de 2006 à 2011, président de la commission des sanctions de l'AMF. « Cela me rapportait 6000 euros nets par mois, confie-t-il. C'était un petit mi-temps » ! Une coquette indemnité qui s'ajoutait à toutes les autres. Aujourd'hui le septuagénaire est vice-président de la Commission supérieure de codification. Un travail peu harassant : le collège ne s'est réuni que quatre fois en 2016. Il lui rapporte tout de même 1 100 euros[2] nets par mois. Soit un Smic pour quelques heures de travail.

Pas forcément éreintante, les AAI sont des extensions de l'État. Elles ont des rôles et des pouvoirs très différents. Certaines défendent les citoyens, tels le contrôleur des prisons ou la commission chargée de contrôler les écoutes téléphoniques. Les plus nombreuses sont les

1. Entretien avec l'auteur, le 14 décembre 2016.
2. Arrêté du 29 décembre 2003.

gendarmes d'un secteur économique. Par exemple l'ARCEP[1] pour les télécoms, la CRE[2] pour l'énergie, l'ARAFER[3] pour les activités ferroviaires ou HADOPI[4] pour Internet. Certaines sont très utiles, mais beaucoup de « comités Théodule » peinent à justifier leur existence.

Pourtant, depuis 1978, date de la création de la première, la CNIL, l'État en a créé presque une par an ! En 2017, il y en avait quarante-deux au total. Soit autant de présidences à pourvoir et plus de cinq cents sièges. Presque tous rémunérés. Parfois très grassement. Des postes à se répartir entre membres des grands corps.

Les mœurs édifiantes de la noblesse d'État

Jusqu'en 2015, l'univers des autorités administratives indépendantes était des plus opaques. On ignorait jusqu'à leur budget et aux salaires et avantages de leurs dirigeants. On se doute pourquoi. Et puis le groupe des radicaux de gauche au Sénat, pourtant peu réputé pour sa combativité, a décidé de mettre son nez dans cet amas de prébendes. Il a créé une commission d'enquête. Et a entrepris d'auditionner les quarante-deux présidents.

1. Autorité de régulation des communications électroniques et des postes.
2. Commission de régulation de l'énergie.
3. Autorité de régulation des activités ferroviaires... et routières, depuis la loi Macron.
4. Haute Autorité pour la diffusion des œuvres et la protection des droits sur Internet.

Un par un. La lecture des témoignages est édifiante sur les mœurs de la haute administration.

Le rapporteur de la commission, Jacques Mézard, est un sosie de De Gaulle doté de l'accent du Sud-Ouest. Ce sénateur du Cantal n'est pas énarque mais avocat. Un détail qui a son importance. Pendant plusieurs semaines, ses interrogatoires ont fait le bonheur des – rares – spectateurs. Ce sont des mises en accusation drolatiques mais fermes de la noblesse d'État et de son fonctionnement. Notons qu'en juin 2017 Jacques Mézard succédera à Richard Ferrand dans le gouvernement d'Édouard Philippe comme ministre de la Cohésion des territoires.

Le premier auditionné est un inconnu du grand public, il est pourtant, à 51 ans, l'un des hommes les plus influents de la République. Des plus sûrs de leur valeur aussi, disent les méchantes langues. Il s'appelle Marc Guillaume. C'est un conseiller d'État, son corps d'origine occupe le plus de présidences d'AAI et de loin. Il dispose d'un grand bureau au rez-de-chaussée de Matignon. Il est secrétaire général du gouvernement (« SGG » pour les initiés). Avec sa petite équipe, il conseille le Premier ministre sur les projets de loi. Il fait le compte rendu du Conseil des ministres auquel il assiste chaque mercredi. Il siège aussi dans les commissions de sélection des grands commis de l'État. Il est, en quelque sorte, le patron des hauts fonctionnaires. Et c'est lui qui gère les autorités administratives indépendantes. Jacques Mézard l'attaque bille en tête, avec humour.

« Mettons un peu d'air frais dans cet entre-soi »

« Voyez les *curriculum vitae* des membres des AAI, dit le rapporteur : la plupart émanent du Conseil d'État, de la Cour des comptes et de la Cour de cassation et tous résident dans un périmètre proche de notre beau jardin [celui du Luxembourg, un des quartiers les plus chers de Paris]. » Il ajoute : « S'il est normal qu'un État comme le nôtre choisisse ceux qui ont une longue expérience, cette cristallisation des profils pourrait provoquer des difficultés. » Marc Guillaume élude. « Merci pour votre réponse diplomatique, s'impatiente Jacques Mézard. Mais pensez-vous vraiment que, dans notre beau pays de France, il n'y a pas d'autres compétences que celles de ces trois institutions ? » Le « SGG » ne répond toujours pas. Il défend bec et ongles les grands corps qui sont, selon lui, des « garanties apportées » au citoyen. La réponse fait sourire l'assemblée.

Elle ne convainc pas un autre sénateur qui assiste aux travaux, Pierre-Yves Collombat, ancien prof de philo : « Il y a une communauté idéologique, un entre-soi de ces personnalités toutes indépendantes mais qui pensent indépendamment la même chose ! » lance-t-il avec humour. Avant d'ajouter : « À force de voir les choses, on les croit créées par Dieu. Mettons un peu d'air dans cet entre-soi. » Il conclut que ces sièges dans les AAI lui font penser aux « bénéfices ecclésiastiques de l'Ancien Régime ». Un autre parlementaire socialiste, Jean-Louis Tourenne, principal de collège à la retraite, enfonce le clou : « Ces membres des AAI ont fait la même école [l'ENA, bien sûr], bénéficient de la même expérience, portent le même regard sur la société au point de ne plus remettre en cause ces évidences. »

Le ghetto du Conseil

Vient l'audition du président de l'Agence de lutte antidopage (AFLD) : Bruno Genevois. Un ex-sportif ? Non, un conseiller d'État honoraire de 75 ans. Un haut fonctionnaire pur sucre. Ancien président de la section du contentieux, il est membre du conseil de l'ordre national de la Légion d'honneur.

Jacques Mézard le taquine sur ces grands corps qui trustent les bonnes places : « Si on multiplie encore les AAI, les grands corps pourront-ils faire face ? » La langue de Genevois se fait béton : « Le statut du Conseil d'État prévoit que les fonctions non juridictionnelles peuvent être exercées par des membres du corps en activité ou honoraires, ce qui est mon cas. » « Je vous félicite pour votre habileté », rétorque Jacques Mézard, narquois. Il lui fait remarquer que les AAI sont presque toutes à Paris, et surtout dans certains quartiers chics. « Il semble, persifle-t-il, que les animateurs des AAI soient issus d'un vivier assez restreint résidant à l'intérieur d'un périmètre limité : les membres du Conseil d'État ! » Il note que les AAI n'en sont « en général pas très éloignées »...

Se pose ainsi la question de leur indépendance par rapport à l'État et surtout à leur corps d'origine. Jacques Mézard s'en prend alors à Thierry Le Roy, président du conseil supérieur de l'Agence France-Presse (AFP). « C'est extraordinaire ! s'exclame-t-il. Vous êtes au Conseil d'État, c'est un maître des requêtes au Conseil d'État qui instruit les dossiers, vous êtes hébergé par le Conseil d'État et un éventuel recours [contre les décisions du conseil supérieur de l'AFP] se fait devant le Conseil d'État... Est-ce bien raisonnable ? » Le sénateur ajoute : « Que des conseillers d'État se soient satisfaits d'une telle situation me laisse pantois. »

Autorité de la concurrence, 183 000 euros par an !

On en vient enfin à parler d'argent. Le président de l'Autorité de la concurrence, le conseiller d'État Bruno Lasserre, est désormais sur le gril. « Comment fixez-vous les rémunérations ? demande Jean-Léonce Dupont, sénateur du Calvados et ancien directeur d'école. En 2010, elles étaient selon mes informations de 183 000 euros pour le président, 125 967 pour les vice-présidents. »

Bruno Lasserre confirme : « Ma rémunération est de 14 800 euros nets par mois. » « C'est beaucoup plus qu'un sénateur », s'exclame la présidente de séance, Marie-Hélène des Esgaulx, une ancienne avocate. Le conseiller d'État s'énerve : « Je n'ai pas le sentiment que l'Autorité de la concurrence soit mieux traitée que d'autres AAI. » Il a raison en effet. Les présidents du CSA et de l'ARCEP gagnent exactement comme lui, c'est-à-dire autant que le chef de l'État...

Le président de l'Autorité des marchés financiers (AMF) touche, lui, une indemnité de 150000 euros bruts par an ; celle de l'Autorité de sûreté nucléaire (ASN) est de 130000 euros bruts ; celle de la Commission nationale de contrôle des techniques de renseignement (CNCTR), 120000 euros bruts ; celle de la CRE 104 225 ; celle de l'Autorité de régulation des jeux en ligne (ARJEL) 100000 euros ; et celle de la CNIL 81600 euros. À quoi il faut, dans certains cas, ajouter la rémunération de base du haut fonctionnaire, entre 5000 et 7000 euros.

« Ce sont des surhommes ! »

Dans certaines autorités, les membres des collèges ne sont pas mal lotis non plus. À la CNCTR, par exemple, ils touchent entre 36000 et 54000 euros d'indemnités annuelles pour quelques réunions par an, qui viennent déjà en complément du salaire de base au Conseil d'État ou à la Cour des comptes. De plus, certains sont membres de plusieurs collèges, ce qui ne manque pas de surprendre les sénateurs !

Conseiller maître à la Cour des comptes, Michel Valdiguié est l'un de ces cumulards. Il préside la Commission nationale d'aménagement commercial (CNAC) ; il est aussi vice-président de la Commission nationale d'aménagement cinématographique (CNC). Jacques Mézard le bouscule avec drôlerie : « Alors que certains souhaitent mettre fin au cumul parlementaire sous toutes ses formes, je constate que nombre de représentants du Conseil d'État et de la Cour des comptes siègent dans les AAI tout en émargeant à divers autres comités et conseils, voire à d'autres AAI. Ce sont manifestement des surhommes ! » Valdiguié craque et finit par concéder que ce cumul est « peut-être excessif »...

Après toutes ces auditions accablantes, il a pourtant fallu encore batailler ferme pour obtenir une loi réglementant les AAI. Elle est adoptée le 20 janvier 2017. Leur nombre passe de quarante-deux à vingt. Les cumuls sont interdits et pas plus de deux membres d'un même corps ne peuvent siéger au sein d'une même autorité. La période faste des « ménages » est finie ? Rassurez-vous, elle a quelques beaux restes. En juillet 2017, le gouvernement Philippe a nommé une nouvelle présidente de l'Agence française de lutte contre le dopage (AFLD), une certaine Dominique Laurent. Une sportive, cette fois ? Non, toujours une conseillère d'État.

Ces autres « ménages »

Et puis, il y a les « ménages » privés, ceux que les conseillers d'État évoquent encore moins facilement. Retrouvons Daniel Labetoulle, notre septuagénaire à la pochette blanche. Outre ses articles dans les revues, ses postes dans des AAI et son activité de conseil auprès d'organismes publics, notre président de chambre honoraire a aussi arrondi ses fins de mois en travaillant pour le privé.

À partir de quand ? Après quelques recherches, on découvre que, dès 1980, il a fondé une « entreprise personnelle d'activités juridiques », enregistrée à l'Insee et domiciliée chez lui à Paris. Pourquoi ? Dans son explication, il pèse chaque mot : « Il est parfois arrivé que certaines activités accessoires (enseignement, interventions orales...) auxquelles je me livrais ont [...] été rémunérées sous la qualification d'honoraires[1]. » C'est, dit-il, la raison de l'enregistrement à l'Insee.

Mais que veut dire exactement « certaines activités accessoires » ? L'expression est choisie avec précision – et précaution. Un fonctionnaire a le droit d'enseigner et d'écrire, dans une certaine limite. Mais il est strictement interdit à un conseiller d'État en activité de mener des activités de conseil juridique auprès d'organismes privés. « Pourtant certains le font, tout le monde le sait dans le milieu[2] », martèle Jean-Louis Debré.

Daniel Labetoulle certifie que cela n'a jamais été son cas. Selon lui, son activité de conseil juridique privé n'a commencé qu'en 2011, c'est-à-dire quatre ans après sa mise à la retraite et son départ de la présidence du comité des sanctions de l'AMF. « Depuis six ans, il m'arrive, en effet, de faire du conseil juridique, notamment sur quelques dossiers importants d'urbanisme, précise-t-il. Je fais un peu d'arbitrage aussi, dans le cadre de partenariat public-privé (PPP). Dans ce cas, ce sont les deux parties qui me payent[3]. »

---

1. E-mail à l'auteur du 1er octobre 2017.
2. Entretien avec l'auteur, *op. cit.*
3. Entretien avec l'auteur, le 14 septembre 2017.

Pour être complet, notons que Daniel Labetoulle joue encore un rôle important au Conseil d'État : il est toujours président de son collège de déontologie. « Nous donnons notamment notre avis sur les créations d'entreprises par des membres du Conseil d'État », explique-t-il sans mesurer, semble-t-il, l'ambiguïté de la chose.

La petite entreprise de M. Pellerin

Terminons justement par un cas, disons troublant, de création d'entreprise. Il s'agit de Laurent Olléon, mari de Fleur Pellerin, la deuxième ministre de la Culture de François Hollande. Tous deux sont énarques. Elle est l'une des rares à avoir démissionné d'un grand corps, la Cour des comptes. C'était en août 2016 quand, après son éviction du gouvernement, elle a créé un fonds d'investissement. Lui est toujours conseiller d'État.

En 2009, Laurent Olléon veut arrondir ses fins de mois et s'installe à son compte, comme auto-entrepreneur. Il profite d'une nouvelle loi autorisant les fonctionnaires à bénéficier de ce statut, sous réserve que l'activité privée « soit compatible avec les fonctions [publiques] exercées ». Le 30 mai 2012, il devient directeur adjoint du cabinet de la ministre de la Fonction publique, Marylise Lebranchu. Quelques mois plus tard, le magazine *Marianne*[1] découvre que le haut fonctionnaire est auto-entrepreneur. Laurent Olléon assure que, dans ce cadre, il ne fait que de l'enseignement et de la

1. *Marianne* du 8 octobre 2012.

formation, ce qui est légal. Mais il y a un problème. L'un de ses clients est l'Association des régions de France. « Cette mission était connue de ma hiérarchie », explique-t-il à l'hebdomadaire. En bon camarade, il ajoute : « D'ailleurs, auparavant, d'autres membres du Conseil d'État assuraient ce job. » Et il assure qu'il n'y a pas là de conflit d'intérêts. Pourtant cette association pourrait, un jour ou l'autre, avoir un dossier contentieux devant la juridiction administrative suprême, dont il est membre... Laurent Olléon ferme sa petite entreprise le 4 septembre 2012. Aujourd'hui, il est de retour au Conseil d'État, juge des référés à la section... contentieux.

Les plumes du Conseil

Enfin, n'oublions pas ces messieurs du Conseil qui préfèrent la littérature au droit. Ils sont nombreux. Ils vous diront que c'est là la glorieuse tradition de la maison, que quelques illustres écrivains, tel Stendhal, figurent parmi les Grands anciens. D'ailleurs, il n'est pas rare que le président de la République envoie sa ou ses « plumes » préférées au Conseil. Ainsi François Mitterrand y nomme-t-il Régis Debray en 1985. Mais, fait d'armes exceptionnel, l'ancien guérillero choisit de démissionner de la prébende.

Nommé la même année, Éric Arnoult *alias* Erik Orsenna, ancien conseiller culturel du chef de l'État et auteur prolifique, y restera aussi longtemps que possible. Malgré ses multiples activités annexes, sa trentaine de romans, dont *L'Exposition coloniale*[1] qui lui valut le prix Goncourt en 1988, et une présence disons intermittente au Palais-Royal, et son élection à l'Académie française en 1998, il est promu conseiller d'État en 2000 par Jacques Chirac. Aujourd'hui, l'auteur également d'*Une comédie française*[2] a le titre de « conseiller d'État honoraire ». Et la pension de retraite qui va avec.

L'écrivain Marc Lambron est nommé au Conseil d'État la même année qu'Erik Orsenna. Il y entre grâce à son excellent classement de sortie de l'ENA. Comme son aîné, le Palais-Royal n'est pas son port d'attache quotidien. En plus de trente ans de carrière, il a été journaliste au *Point* et au *Figaro Magazine* et a écrit une vingtaine de romans, dont *L'Œil du silence*[3] qui obtient le prix Fémina en 1993. Il a, lui aussi, été élu, en 2014, à l'Académie française. Et c'est évidemment son ami et collègue Erik Orsenna qui l'a accueilli sous la Coupole.

1. Seuil, 1988 ; Points, 2014.
2. Seuil, 1980 ; Points, 2014.
3. Flammarion, 1993 ; Le Livre de poche, 1995.

7

Le syndrome « Jardiland »

Connaissez-vous « Jardiland » ? L'enseigne de jardinage ? Non, la formidable opération secrète qui, début 2016, a mobilisé le Tout-Paris de la finance. Plus que d'autres, elle met au jour, si besoin est, l'effarante consanguinité qui prévaut entre banquiers d'affaires, grands patrons et hauts fonctionnaires de Bercy. Et la montagne de conflits d'intérêts que cette endogamie charrie.

Fin 2015, l'inspecteur des Finances Stéphane Richard, P-DG d'Orange, décide d'engager des négociations pour l'achat de l'un de ses concurrents, Bouygues Télécom[1]. C'est son bras droit, Ramon Fernandez, ancien directeur du Trésor, qui mène les pourparlers. Pour les épauler, ils choisissent deux banquiers d'affaires, également inspecteurs des Finances, Jean-Marie Messier et Philippe Villin. La proie, Martin Bouygues, fait, de son côté, appel à un vice-président de Merrill Lynch David Azéma, copain de promo de Stéphane Richard à l'ENA. Un cas, cet Azéma.

1. Lire « Télécoms : les coulisses de l'opération "Jardiland" », *Le Point*, 6 avril 2016.

La rapide reconversion de David Azéma

Dandy à la mèche argentée et à la voix haut perchée, il vient d'arriver dans la banque d'affaires. Quelques mois avant l'opération « Jardiland », il était encore haut fonctionnaire. Il dirigeait l'Agence des participations de l'État (APE)[1], l'organisme qui représente les pouvoirs publics dans les groupes à capitaux étatiques dont Orange. À ce poste stratégique, il devient proche de son interlocuteur principal à l'Élysée, l'inspecteur des Finances Emmanuel Macron, dont, plus tard, il rejoindra l'équipe de campagne. Comme lui, il démissionne à l'été 2014. « À 53 ans, il est temps que je prépare mon avenir et celui de ma famille », fanfaronne-t-il dans *Le Monde*[2]. Autrement dit, il veut gagner de l'argent. Notons qu'à l'APE son salaire s'élevait tout de même à 300 000 euros bruts par an[3]. De quoi voir venir, non ?

Comme son ami Macron avant lui, il passe de l'autre côté de la barrière et rejoint non pas Rothschild, mais la branche européenne de Bank of America-Merrill Lynch. Avec pour mission de développer ses activités sur le Vieux Continent. Comment ? En démarchant les entreprises qu'il contrôlait à l'APE ? La commission de déontologie des fonctionnaires lui interdit d'avoir, pendant trois ans, des relations contractuelles avec les

1. Voir le chapitre « Fromages *et* desserts », p. 49.
2. Interview au *Monde* du 17 juillet 2014.
3. Source confidentielle de l'auteur.

sociétés sous tutelle étatique. Rien ne dit qu'il y ait dérogé. Enfin pas exactement...

Dix-huit mois après sa démission, David Azéma est donc banquier conseil de Bouygues dans l'opération « Jardiland ». A priori, rien de suspect. Bouygues est un groupe totalement privé. Sauf que... en 2014, alors qu'il dirigeait encore l'APE, David Azéma a négocié l'entrée de l'État dans le capital d'Alstom. Quel rapport, direz-vous ? C'est que l'heureux propriétaire[1] des actions d'Alstom en question n'était autre que... Bouygues. « Ainsi Azéma s'est-il retrouvé conseil du groupe privé contre lequel, un an et demi auparavant, il a bataillé au nom de l'État, persifle un haut responsable. Cela ne vous paraît pas problématique ? » David Azéma n'a pas souhaité répondre à cette question. « Les clauses de discrétion contenues dans mon contrat avec Merrill Lynch m'empêchent de m'exprimer sur ce sujet[2] », indique-t-il. Quoi qu'il en soit, il n'a jamais été inquiété.

Finalement l'opération « Jardiland » a capoté et Merrill Lynch n'a pas touché les commissions espérées. Mais la firme a tout lieu d'être satisfaite de l'ancien patron de l'APE. En 2016, deux ans après son embauche, l'entreprise a pris la tête des banques conseils en fusions-acquisitions – pour faire chic, dites « Fusac » – en France[3]. De la belle ouvrage !

1. Il s'agit de prêt avec option d'achat.
2. Entretien avec l'auteur, le 18 octobre 2017.
3. Classement de *Fusions et acquisitions magazine*, janvier 2017.

« Nous connaissons partout des gens bien placés »

Depuis l'ascension d'Emmanuel Macron, la France entière le sait : les banques d'affaires adorent recruter des hauts fonctionnaires de Bercy. Qui eux-mêmes adorent répondre à l'appel de ce que d'aucuns appelleraient le « grand capital ». Et faire des allers et retours entre la haute finance et l'État, dont, pendant dix ans, ils ne sont qu'« en disponibilité[1] ».

Certes, ce n'est pas nouveau. On se souvient de Georges Pompidou. Brillant normalien, le futur président de la Ve République, devient, en 1945, conseiller du chef du gouvernement, de Gaulle lui-même. Puis il entre au Conseil d'État comme maître des requêtes. En 1954, il rejoint Rothschild où il restera quatre ans – exactement comme Emmanuel Macron ! – avant de revenir au service du Général. À l'époque, le cas Pompidou est isolé et le restera pendant des décennies. Mais à partir des années 90, quand l'économie française se privatise et se financiarise, le phénomène prend une ampleur exponentielle... et préoccupante.

« Évidemment, les banques d'affaires ont plus que jamais besoin de nous ! s'exclame un ancien de Bercy, associé dans l'une d'elles. Dans la plupart des "Fusac", même entre groupes privés, l'État est partie prenante. Or nous connaissons des gens bien placés partout : à l'Élysée, dans les cabinets ministériels et dans

1. Notons qu'après s'être mis en disponibilité pendant dix ans, David Azéma n'était plus fonctionnaire depuis 2008.

les autorités de régulation, celles qui autorisent ou pas les transactions. Croyez-moi, ça aide... » On le croit.

Si bien que les banques d'affaires se disputent les poulains les plus prometteurs, ceux qui, très jeunes, ont déjà été repérés par l'establishment politique. Tout commence en 1995, quand François Mitterrand et Edouard Balladur, son Premier ministre, quittent le pouvoir. Brillante X-Mines, la jeune Anne Lauvergeon vient de passer cinq ans au sommet de l'État, comme sherpa du président. La future patronne d'Areva est immédiatement recrutée par la banque Lazard comme associée-gérante. De son côté, l'énarque Nicolas Bazire, directeur de cabinet à Matignon, rejoint la maison concurrente, Rothschild. Ces « débauchages » choquent. De tels parcours sont encore des exceptions. Dix ans plus tard, ils deviennent la règle.

Le « Macron » de Sarkozy

Voici Sébastien Proto. On l'appelle le « Macron » de Sarkozy. Il est la copie 3D de l'actuel président de la République. Ils ont fait l'ENA ensemble. Il en est sorti deuxième, Macron cinquième. Ils ont intégré l'inspection des Finances en même temps. Pendant quatre ans, ils ont fait ensemble la « tournée », comme on dit à Bercy. Macron devient rapporteur de la commission Jacques Attali sur la croissance, Proto de celle sur la dette de Michel Pébereau, gourou des inspecteurs des Finances. En 2007, leurs chemins divergent. Proto, qui a participé à la rédaction du programme présidentiel de

Nicolas Sarkozy, devient directeur de cabinet d'Éric Woerth, puis de Valérie Pécresse au Budget ; tandis que Macron entre chez Rothschild, dont il devient très vite le plus jeune associé de l'histoire de la compagnie. Il y récolte 2,8 millions d'euros en quatre ans[1], notamment en aidant le P-DG de Nestlé, Peter Brabeck-Letmathe, qu'il a côtoyé à la commission Attali, à racheter la division nutrition de Pfizer.

En 2012, les « jumeaux » figurent dans les deux écuries présidentielles concurrentes. C'est Macron qui devient secrétaire général adjoint de l'Élysée, exactement le poste que Proto aurait occupé si Sarkozy avait été réélu. Au lieu de quoi, formidable mimétisme !, il remplace son double chez Rothschild où il est promu associé. « Pur produit de la haute fonction publique, il pourra mettre son carnet d'adresses au service de la banque[2] », écrit alors, non sans malice, *L'Agefi*, l'agence de presse spécialisée dans l'actualité financière.

Les millions de François Pérol

Macron n'est que le second secrétaire général adjoint de l'Élysée, celui chargé de l'économie, à venir de chez Rothschild. Le premier s'appelle François Pérol. Il a occupé ce poste quelques années auparavant, pendant la présidence Sarkozy. Inspecteur des Finances, c'est en

1. Déclaration de patrimoine du président de la République, tel que déclaré à la Haute Autorité pour la transparence de la vie publique.
2. *L'Agefi*, 11 février 2013.

quelque sorte le frère aîné de Macron et Proto. Et la face controversée de ces allers et retours entre le pouvoir et la banque.

En 2009, François Pérol quitte l'Élysée pour prendre la direction d'un nouveau groupe bancaire, la BPCE[1]. Problème : il en aurait lui-même supervisé, en partie, la création auprès de Nicolas Sarkozy. On crie au scandale, à la prise illégale d'intérêts. Certains hurlent qu'il s'agit là de méthodes dignes de la Russie de Poutine, martelant que Pérol est un oligarque d'État. Les syndicats de la banque portent plainte. L'affaire traîne des années, jusqu'au dernier appel, le 30 juin 2017.

Pérol est relaxé. Mais il reste le symbole de cette endogamie malsaine, si ce n'est illégale dans l'état actuel de la loi. Une image sombre que l'intéressé a, dit-on, du mal à supporter. Selon nos calculs, les 9,8 millions d'euros[2] empochés depuis son entrée à la BPCE ont sans doute adouci, quelque peu, ses plaies. Depuis 2016, sa numéro deux s'appelle Marguerite Bérard-Andrieu, cette inspectrice des Finances dont le clan est l'archétype de la famille d'État. En 2016, elle a gagné 557 322 euros[3] à la BPCE. À notre connaissance, elle est toujours membre du corps de l'inspection...

1. Banque populaire-Caisse d'épargne.
2. Calcul de l'auteur à partir des documents financiers de référence de la BPCE de 2009 à 2016.
3. Document financier de référence de la BPCE de 2016.

Les clients de Matthieu Pigasse

C'est chez Lazard, le saint des saints des banques d'affaires, que les anciens de Bercy sont, semble-t-il, les plus puissants. Le patron de la branche française, l'énarque Matthieu Pigasse, a suivi le parcours fléché : direction du Trésor, puis cabinet des ministres de l'Économie Dominique Strauss-Kahn et Laurent Fabius. « Le ministère des Finances aura été pour Pigasse une formidable formation à la banque d'affaires, en lui donnant le goût des *deals* et en forgeant ses relations avec ses futurs clients », écrit le magazine économique *Challenges*[1], fasciné par sa fulgurante ascension jusqu'à la direction générale de la banque.

Quels clients ? Son ami Jean-Louis Girodolle, un inspecteur des Finances[2] qui a travaillé avec lui à l'Agence des participations de l'État (APE) et qui le rejoindra chez Lazard, se souvient de ces années d'apprentissage, durant lesquelles leurs carnets d'adresses se sont constitués : « À Bercy, raconte-t-il, toujours dans le même hebdomadaire[3], [Matthieu Pigasse et moi] avons passé des nuits à participer à la création d'Areva, à réfléchir à la réforme du statut des Caisses d'épargne. » Voilà comment, toujours selon le magazine, Pigasse deviendra quelque temps après conseil d'« Anne Lauvergeon pour

1. *Challenges*, le 22 octobre 2009.

2. Jean-Louis Girodolle n'a été rayé des cadres de l'inspection des Finances que le 8 janvier 2017 (décret du 11 avril 2017). Jusque-là il pouvait revenir dans son corps d'origine, avec son salaire.

3. *Challenges*, *ibid.*

Areva et de Charles Milhaud pour le rapprochement [des Caisses d'épargne] avec les Banques populaires[1] ».

Il y a plus déconcertant encore : les banques d'affaires recrutent des anciens de Bercy d'abord pour signer des contrats avec leurs ex-collègues. Car, aussi étrange que cela paraisse, lorsque l'État cède des actions ou participe à une fusion, il fait appel à des conseils privés, payés en pourcentage de la transaction. Pourquoi une telle démission de l'action publique ? « Pour déterminer le calendrier optimal d'une cession, il faut être plongé au quotidien dans les marchés. [Or] nous ne disposons pas en interne des compétences pointues que requiert ce type d'opérations[2] », explique Astrid Milsan, numéro deux de l'Agence des participations de l'État, dont l'effectif atteint à peine une cinquantaine de personnes pour gérer 90 milliards d'actifs.

Endogamie

Cette situation est forcément malsaine. « Il est évident qu'une banque nous recrute parce que nous connaissons tous les acteurs de ce genre de dossiers, des chefs de bureau de l'APE au secrétaire général de l'Élysée », explique un ancien haut fonctionnaire de Bercy qui ajoute : « Ces opérations ne nous rapportent pas forcément beaucoup d'argent. Mais gagner un mandat de l'État nous confère une visibilité, un prestige,

1. *Ibid.*
2. Audition devant la commission des finances du Sénat, le 4 mars 2015.

pour *pitcher* [convaincre] des prospects privés. Et ce travail nous donne accès à des informations stratégiques sur les décideurs politiques et administratifs que nous utilisons par la suite pour d'autres clients. » Autrement dit : ceux-là mêmes qui, hauts fonctionnaires, démantèlent l'État actionnaire, profitent personnellement de ce démantèlement en tant que banquier conseil, tout en étant souvent seulement « en disponibilité » de l'administration !

Il y a plus pernicieux encore. En 2014, la Cour des comptes découvre que l'APE confie un très grand nombre de mandats sans appels d'offre. Certes, écrivent les magistrats[1], ce contournement de la procédure est autorisé en cas d'extrême urgence ou d'exigence de secret. Mais il y a des abus manifestes.

En décembre 2012, l'APE mandate directement la banque Rothschild pour la conseiller sur la réforme du système ferroviaire. Motif invoqué : la confidentialité. Galéjade : « Le gouvernement avait annoncé, dès le 30 octobre de cette année, le lancement d'une telle réforme » ! Autrement dit, l'APE fait tout pour choisir ses conseils « de gré à gré ». « D'où, conclut la Cour des comptes, l'apparition possible de phénomènes d'abonnement. » Euphémisme pour ne pas parler de « favoritisme ».

Les magistrats de la Cour désignent l'une des banques privilégiées : HSBC qui, pour la période étudiée, est le premier conseil de l'État. Une chose explique-t-elle

1. Rapport de la Cour des comptes, « Le recours par l'État aux conseils extérieurs », mars 2015.

l'autre ? La division « affaires » d'HSBC est présidée, depuis 2009, par un énarque qui connaît tous les rouages de Bercy puisqu'il a dirigé plusieurs entreprises publiques. En 2012, l'année où HSBC a raflé tant de contrats étatiques, sa rémunération a dépassé 1,8 million d'euros[1]. En 2015, il a gagné 965 000 euros[2]. Ironie de l'histoire : c'est un ancien de la Cour des comptes...

Un Macron boy *: « Je ne suis pas là pour m'enrichir »*

En 2017, alors que l'APE a été contrainte de faire appel à de nouveaux conseils, c'est Mediobanca qui fait parler d'elle[3]. Depuis quelques années, la banque d'affaires italienne végétait en France et la voilà, en quelques mois, propulsée parmi les grandes.

Un succès fulgurant qu'elle doit notamment à un homme : l'énarque Emmanuel Moulin. Un spécialiste des allers et retours entre l'État et la finance. Un vrai balai d'essuie-glace, que nous avons rencontré lorsqu'il refusait de révéler son salaire à Bercy[4]. Il commence sa carrière à la direction du Trésor. Puis, en 2005, il rejoint la banque américaine Citigroup. « Je proposais du financement à des institutions publiques en France et en Belgique, explique-t-il. Évidemment, ça m'a aidé

1. Rapport annuel 2012 de HSBC France.
2. Rapport annuel 2015 de HSBC France.
3. Voir l'article des *Échos* du 26 mai 2017, « Citi, Rothschild et Mediobanca en tête ».
4. Voir le chapitre « Un secret si bien gardé », p. 31.

de connaître le fonctionnement de l'administration[1]. » Deux ans plus tard, il devient directeur adjoint du cabinet de Christine Lagarde, puis se trouve à l'Élysée, conseiller économique de Nicolas Sarkozy.

En 2012, il rejoint Eurotunnel comme directeur général avant d'être débauché par Mediobanca, dont le groupe Bolloré est l'un des actionnaires de référence. « C'est un copain de Sciences Po qui m'a fait venir. Les propriétaires italiens voulaient faire revivre la banque en France, elle n'avait plus de clients, juste un siège social. J'ai pris mon bâton de pèlerin et je suis allé *pitcher* des prospects. Par chance, j'ai décroché le contrat qui nous a lancés, un mandat de l'APE. C'était pour la cession de l'aéroport de Nice. » Une vente décidée par le ministre de l'Économie de l'époque, Emmanuel Macron...

Un an plus tard, Emmanuel Moulin revient une fois encore dans l'État, dans l'équipe Macron justement. Il est directeur de cabinet du ministre de l'Économie, Bruno Le Maire. « Mais rassurez-vous : je ne suis pas là pour m'enrichir, assure-t-il, comme si on pouvait en douter. Et, bien sûr, je me déporterai dans chaque dossier où l'on retrouve Mediobanca. » Il précise que son adjoint auprès de Bruno Le Maire, Bertrand Dumont, fera de même. Il ne traitera aucun dossier impliquant la banque d'affaires dans laquelle il travaillait auparavant. C'était HSBC...

1. Entretien avec l'auteur, le 22 septembre 2017.

Terminons par cette annonce faite par la banque Rothschild en octobre 2017. Pour éviter tout soupçon de favoritisme, l'ancien employeur du président de la République a fait savoir qu'il ne chercherait plus de mandat de l'APE. Ce n'est pas très grave : selon *Le Monde*[1], la maison de David de Rothschild « caracole en tête du classement des conseils en fusions-acquisitions en France ». Et, juré craché, ce n'est pas grâce à Emmanuel Macron.

1. Voir *Le Monde* du 6 octobre 2017, « Avec ou sans Macron, Rothschild a le vent en poupe ».

8

La République des avocats d'affaires

Pour eux, tout va bien, merci ! Un immeuble chic à deux pas des Champs-Élysées, entre un concessionnaire BMW et une boutique Cartier. Et des bureaux qui occupent tout le dernier étage. C'est là, dans le triangle d'or de la capitale, qu'Antoine Gosset-Grainville et ses associés ont installé leur cabinet, BDGS. En moins de cinq ans, leur échoppe s'est hissée parmi les premiers cabinets d'avocats d'affaires en France. Un succès époustouflant, très révélateur des mœurs de notre République... et de la Macronie.

« AGG », prince d'État

Grand, mince, costume gris à fines rayures, Antoine Gosset-Grainville, surnommé « AGG », affiche une distinction et une courtoisie aristocratiques. De fait, cet énarque à la crinière argentée appartient, comme dirait le sociologue Pierre Bourdieu[1], à la noblesse d'État. Il

1. Voir son ouvrage *La Noblesse d'État. Grandes écoles et esprit de corps*, éditions de Minuit, 1989.

est adoubé par les grands du royaume... pardon, de la République. « Comme Messier[1] ou Macron, il fait partie de cette poignée d'inspecteurs des Finances sur lesquels, à un moment donné, l'ensemble du corps, et plus généralement de l'establishment, a misé[2] », explique, admiratif, un de ses camarades de promotion à l'ENA.

« AGG » est aussi le prince des allers et retours. Quand, en 2007, le Premier ministre François Fillon l'appelle auprès de lui, comme directeur adjoint de cabinet, il vient de passer cinq ans dans un cabinet d'avocats d'affaires réputé, Gide-Loyrette-Nouel, dont il dirigeait le bureau à Bruxelles. Dans la capitale belge, il connaissait le gratin de la politique et du business. Par quel miracle ? Rien de plus simple : auparavant, il était conseiller du commissaire européen chargé du commerce, Pascal Lamy. Ça aide.

Quand il s'installe à Matignon, ses interlocuteurs à l'Élysée et à Bercy s'appellent François Pérol et Stéphane Richard[3]. Ce sont eux aussi des inspecteurs des Finances. Et eux aussi viennent du privé : l'un de Rothschild, l'autre de Veolia. Et y retourneront bientôt. À leur endroit, eux aussi, fusent, dans la presse, des accusations de conflits d'intérêts. « C'est vrai, notre trio a suscité beaucoup de commentaires, pas forcément aimables[4] », se souvient « AGG ». Après trois ans auprès du Premier ministre et un passage à la tête de la Caisse des dépôts, son carnet d'adresses, en France cette fois,

1. Futur patron de Vivendi-Universal.
2. Entretien avec l'auteur, le 15 septembre 2017.
3. Voir le chapitre « Le syndrome "Jardiland" », p. 103.
4. Entretien avec l'auteur, le 25 septembre 2017.

s'est bien rempli. Voilà le prince armé pour monter son propre cabinet d'avocats d'affaires.

Une plaquette estampillée « confidentiel »

Son réseau exceptionnel dans l'État est bien sûr son principal argument pour recruter des clients privés. Dans la salle d'attente de BDGS Associés, on a laissé traîner sur une table basse une plaquette de présentation un peu spéciale. Dans ce document estampillé « confidentiel », on peut lire, noir sur blanc : le cabinet « bénéficie d'une position unique grâce aux relations de ses associés avec les autorités publiques françaises et communautaires du fait notamment des fonctions passées d'Antoine Gosset-Grainville[1]... »

Son cabinet décroche, assez vite, plusieurs contrats privés. Leurs objets sont tous les mêmes : défendre les clients devant des autorités de régulation, autrement dit des extensions de l'État. Par exemple, toujours selon la plaquette, la FNAC et Groupama contre l'Autorité de la concurrence ; ou « un groupe de télécom » face au gendarme des communications l'ARCEP et une « société de jeux » face à l'ARJEL. Du fait de sa carrière à Bercy et auprès du Premier ministre, « AGG » connaît forcément des membres de ces autorités : leurs budgets sont fixés, chaque année, par Matignon, dont Antoine Gosset-Grainville a été le numéro deux... Les grincheux pourraient parler de situation de conflit d'intérêts.

1. Plaquette de présentation de BDGS Associés.

« La commission de déontologie des fonctionnaires ne m'a interdit qu'une seule chose : de travailler pendant trois ans avec la Caisse, ce qui est tout à fait normal[1] », dit « AGG », droit dans ses Church's. Bien qu'il ait été au cœur du pouvoir pendant plusieurs années, il est donc autorisé à devenir immédiatement banquier conseil d'entreprises publiques et même de l'État. Ce n'est sans doute pas un hasard si la plaquette vante les mérites d'une autre associée de BDGS, Mathilde Damon ; auparavant elle a été « directrice du pôle juridique de l'Agence des participations de l'État (APE) ».

On n'est donc pas surpris de découvrir la liste des clients publics de ce jeune cabinet déjà si prospère. Souvent des copains d'avant. Sur la même plaquette, on peut lire, en vrac : BDGS a été « conseil de la Banque publique d'investissement sur la cession d'une partie du capital d'Orange ». On rappellera que le groupe de télécom est dirigé par l'ancien homologue d'« AGG » à Bercy, Stéphane Richard, et que son directeur financier, Ramon Fernandez, est un camarade de promo à l'ENA du même « AGG »...

BDGS est aussi « conseil d'Air-France-KLM » dont le président, l'énarque Jean-Marc Janaillac, est une vieille connaissance d'« AGG » : ils siégeaient tous deux au conseil d'administration de Veolia Transdev, dont Janaillac était alors le P-DG. Conseil enfin de

1. L'article 432-13 du code pénal interdit à tout fonctionnaire ou agent public de conclure des contrats ou de travailler dans ou avec une entreprise, dont il aurait « assuré le contrôle ou la surveillance », ou à propos de laquelle il aurait « proposé des décisions » ou « formulé des avis » aux autorités politiques.

« l'État français » pour la privatisation de l'aéroport Toulouse-Blagnac. Cette opération, finalisée en 2016, était, on le sait, orchestrée par le ministre de l'Économie de l'époque, Emmanuel Macron. Un ami d'Antoine Gosset-Grainville. On ne le dit jamais assez : la vie est une succession de hasards...

Fillon, Macron et moi

Malgré leur différence d'âge, les deux inspecteurs des Finances, Gosset-Grainville et Macron, sont proches. Entre eux, c'est un peu « Passe-moi la salade, je t'envoie la rhubarbe », comme dirait Nicolas Sarkozy.

« Nous nous sommes connus en 2007 lorsqu'il était rapporteur de la commission Attali sur la croissance et moi au cabinet du Premier ministre, raconte "AGG" en croisant et décroisant ses longues jambes. Nous avons sympathisé. Quand j'ai quitté Matignon en 2010, j'ai proposé à François Fillon qu'Emmanuel Macron me remplace comme directeur adjoint de son cabinet. Je lui ai dit qu'il était un peu de gauche, mais ça ne l'a pas gêné. Emmanuel a réfléchi puis il a dit non et est parti chez Rothschild. » Dans leur monde, les choses se passent ainsi.

Par la suite, les deux hommes se revoient régulièrement. Si bien que, lorsqu'il quitte l'Élysée au printemps 2014, Emmanuel Macron vient s'installer quelques semaines dans les locaux de BDGS, qui met un bureau à sa disposition. « À l'époque, il essayait de monter une start-up dans le conseil stratégique, poursuit "AGG".

Il nous a demandé de l'accompagner sur les aspects juridiques. Mais il est assez rapidement parti quand Manuel Valls l'a nommé ministre de l'Économie. » Service public quand tu nous tiens.

Aujourd'hui, Antoine Gosset-Grainville connaît toute la Macronie, notamment son numéro deux : le secrétaire général de l'Élysée, Alexis Kohler. Une sorte de jumeau. « Je l'ai rencontré quand il était à Bercy et moi à la Caisse des dépôts, dit-il. C'est drôle : si Fillon avait été élu, j'aurais vraisemblablement occupé son poste à l'Élysée... »

Les deux hommes ont déjeuné ensemble en septembre 2017. Kohler lui a proposé de prendre la direction de la Caisse des dépôts, l'un des plus beaux postes de la République. Quoi de plus normal entre jumeaux ! « AGG » a refusé. À cause du plafonnement de la rémunération des dirigeants d'entreprise publique à 450000 euros par an ? Il affirme que non. En vérité, il adore son nouveau métier. Et n'a pas envie de revenir dans le public. Pour l'instant, en tout cas. Rien ne presse : il peut le faire quand il veut : il n'a toujours pas démissionné de l'inspection des Finances. Pour des raisons « purement sentimentales », assure-t-il.

L'inquiétant brouillage public-privé

Les historiens ont surnommé la France des années 1880-1914 « la République des avocats ». Les plus grands hommes politiques de l'époque, Jules Ferry, Raymond Poincaré, Aristide Briand et tant d'autres, ont revêtu la robe. Un siècle plus tard, doit-on parler de « République des avocats d'affaires » ? C'est la thèse avancée par le sociologue Antoine Vauchez dans un livre fort intéressant[1]. De fait, depuis les années 2000, beaucoup de membres de l'élite font des allers et retours entre la sphère publique et des cabinets de ce genre. Un inquiétant brouillage des lignes.

Nicolas Sarkozy est un pionnier en la matière. Avant de devenir président, c'est un avocat d'affaires assez prospère. En 1987, il crée le cabinet Claude et Sarkozy[2] qui décroche des clients comme Bouygues, Servier, Toyota, Ferrari ou l'institut Pasteur... et même la banque Rothschild ! Parvenu à l'Élysée, il poursuit sa révolution néolibérale et nomme à Bercy une consœur à succès, Christine Lagarde, alors présidente de la multinationale du droit Baker McKenzie. C'est elle qui, en 2007, confie « le règlement judiciaire du contentieux Tapie-Crédit Lyonnais à la justice privée des arbitrages[3] ». Une première qui a surpris et qui a abouti à la condamnation de Christine Lagarde pour « négligence[4] ». Elle s'inscrit à merveille dans cette nouvelle logique.

---

1. Directeur de recherches au CNRS et auteur avec Pierre France de *Sphère publique-intérêts privés. Enquête sur un grand brouillage*, Sciences Po, 2017.

2. Avec son ami de jeunesse Arnaud Claude. Lire « Sarkozy avocat : les coulisses d'un business très discret », David Le Bailly, *L'Obs*, 1er février 2015.

3. *Sphère publique-intérêts privés*, introduction, *op. cit.*

4. Condamnation avec dispense de peine de Mme Lagarde prononcée par la Cour de justice de la République, le 19 décembre 2016.

Cazeneuve et Philippe, Premiers ministres et avocats d'affaires

Entre la politique, la haute administration et le droit des affaires, le boulevard est dorénavant à double sens. Toujours en 2007, le député Jean-François Copé est embauché à temps partiel par le cabinet Gide-Loyrette-Nouel. Le futur secrétaire général de l'UMP est payé la bagatelle de 20000 euros par mois[1]. Tandis que le socialiste Bernard Cazeneuve, futur ministre de l'Intérieur puis chef du gouvernement de François Hollande, entre chez August-Debouzy. Il y reviendra en juin 2017 après avoir quitté le pouvoir.

Mais ce n'est pas tout : son successeur à Matignon est, lui aussi, un avocat d'affaires. Bien qu'il déteste évoquer publiquement cette période, Édouard Philippe a passé trois ans, de 2004 à 2007, dans une grande firme américaine, Debevoise et Plimpton. Un tel enchaînement, unique dans l'histoire de la Ve République, valide la thèse d'Antoine Vauchez.

Plusieurs phénomènes ont contribué à cette formidable montée en puissance des avocats d'affaires au cœur de la République. La mutation néolibérale de l'économie française d'abord. Dans les années 80 et 90, c'est le big-bang, la plupart des entreprises nationales sont, ou vont être, privatisées ; puis l'Europe ouvre à la

1. Il en démissionnera en novembre 2010 après sa nomination comme secrétaire général de l'UMP, tout en continuant son activité « à titre privé ».

concurrence des secteurs clés comme les télécoms, l'énergie ou les transports. L'État démantelé s'octroie un rôle nouveau : d'acteur, il devient régulateur. Via des agences, telles l'ARCEP pour les télécoms, l'AMF pour les marchés financiers ou la CRE pour l'énergie, il délivre des autorisations, inflige des sanctions et fixe des règles prudentielles. Pour les grandes entreprises, il devient indispensable de convaincre chaque maillon de la «chaîne de régulation[1]» : les cabinets ministériels, la Commission européenne, le Parlement et les autorités de régulation. Convaincre par tous les moyens.

Quand François et Ségolène revêtaient la robe...

Pour satisfaire cette nouvelle demande, les grands cabinets d'avocats s'adaptent... et fleurissent. Très vite, ils s'imposent «en experts *full service*[2], allant du conseil juridique et fiscal au lobbying politico-administratif[3]». Entre eux, une compétition féroce s'installe. Attirées par le marché français, les «*law firms*» anglo-saxonnes débarquent à Paris. C'est la course à la notoriété et à la crédibilité. Un cabinet doit prouver à ces clients potentiels qu'il peut, mieux que ses concurrents, s'immiscer dans tous les recoins de la «chaîne de régulation», qu'il possède plus d'entrées dans les coulisses du pouvoir. Comment ? En recrutant à tour de bras des hauts

1. Expression tirée du livre d'Antoine Vauchez et Pierre France, *op. cit.*
2. C'est possible depuis une loi de 1990 qui autorise la fusion des professions d'avocats et de conseils juridiques.
3. Antoine Vauchez dans *Capital* du 6 septembre 2017.

fonctionnaires très bien placés dans l'appareil d'État, ou devenus des hommes politiques.

Ils le peuvent grâce à un décret de 1991 qui, sous conditions, permet aux cadres supérieurs de l'administration de devenir avocats. Pour ceux qui sont juristes, la procédure est immédiate. C'est ainsi qu'en 1995, après l'élection de Jacques Chirac à l'Élysée, deux énarques de gauche alors peu célèbres, François Hollande[1] et Ségolène Royal[2], s'inscrivent au barreau de Paris. Pour les autres, ce n'est pas très sorcier non plus. Après son départ de Matignon, Dominique de Villepin, issu de la même promotion Voltaire, bénéficie d'un article de ce même décret qui facilite l'accès à la profession d'avocat aux hauts fonctionnaires.

Michel Sapin : « Ça m'a dégoûté... »

À part l'ancien ministre de l'Intérieur de François Mitterrand, Pierre Joxe, devenu avocat pour mineurs, il ne s'agit pas, pour ces énarques, de défendre la veuve et l'orphelin. Mais d'entrer dans le monde des affaires. En monnayant leur connaissance intime de l'État.

Pourtant, certains rechignent à franchir le pas. À la même époque que ses amis Hollande et Royal, Michel Sapin, lui aussi « voltairien », se pose des questions sur son avenir. « En 1993, j'avais 41 ans, j'étais ministre de l'Économie de François Mitterrand, raconte-t-il.

1. Magistrat à la Cour des comptes.
2. Juge de tribunal administratif.

Quand la droite a gagné les élections, je me suis dit : pourquoi pas le privé ? Comme je suis magistrat[1], je pourrais devenir avocat[2]. »

L'ancien patron de Bercy prend contact avec un grand cabinet français. Les associés l'invitent dans un restaurant ultrachic. « À la fin du repas, se souvient Michel Sapin, je leur demande naïvement : "Que ferais-je chez vous ?" »

La suite du dialogue est savoureuse. Et ô combien révélatrice :

« Vous venez de faire adopter une loi sur la prévention de la corruption. Vous pourriez aider nos clients à ce sujet.

— Comment ? En leur montrant les failles de cette loi que j'ai imaginée ?

— Ben oui.

— Non, ça ne je peux pas. Ce ne serait pas déontologique.

— Mais alors, à quoi d'autre pourriez-vous bien nous servir ? »

L'ancien ministre s'en va. Il entreprend la même démarche auprès d'un cabinet anglo-saxon. Avec les mêmes questions et les mêmes réponses. « Ça m'a dégoûté et j'ai tout arrêté, raconte-t-il. Je ne suis jamais entré dans le privé... »

1. Michel Sapin est sorti de l'ENA comme conseiller au tribunal administratif.
2. Entretien avec l'auteur, le 15 juin 2017.

Tous n'ont pas les mêmes scrupules. Antoine Vauchez a dénombré les hauts fonctionnaires – conseillers d'État, inspecteurs des Finances ou magistrats à la Cour des comptes – passés, avec armes et bagages, dans des firmes d'avocats d'affaires[1]. Le chiffre est en croissance exponentielle. C'est une véritable hémorragie : 14 entre 1979 et 1990 ; 63 de 1991 à 2001 ; 103 de 2002 à 2010 ! Et cette ruée vers l'or continue.

Jean Veil, fils de Simone et président du « Siècle »

Les patrons de grands cabinets sont donc désormais des figures centrales de l'establishment français. Prenez Jean Veil, le fils de Simone, ancienne ministre de la Santé, et d'Antoine, énarque. Le Tout-Paris de la politique et des affaires gravite autour de lui. Fondateur du cabinet Veil-Jourde, il a été l'avocat de DSK, du Crédit Lyonnais, de L'Oréal, de la Société Générale... Et, reconnaissance suprême, il a, de 2014 à 2016, présidé « Le Siècle », le club le plus fermé et le plus sélect de la capitale, qui réunit, chaque mois, au Cercle de l'Union Interalliée, à deux pas de l'Élysée, la fine fleur de l'élite française. Ou plus précisément la crème de la haute fonction publique et le gratin du capitalisme qui flirtent là, puis y célèbrent leurs noces éternellement recommencées...

Gilles August est plus discret. Mais cet ami intime de François Hollande est tout aussi influent. En 1995, il

1. Dans *Sphères publiques...*, *op. cit.*

fonde un cabinet avec un autre membre éminent du « Siècle », l'énarque Olivier Debouzy. À l'époque, ce diplomate est si introduit dans les cercles du pouvoir que certains l'imaginent bientôt à la tête de la DGSE. Mais il meurt brutalement en 2010. Aujourd'hui, August-Debouzy compte 130 avocats, dont les anciens ministres Christian Pierret, Bernard Cazeneuve, on l'a vu, l'ex-secrétaire général de l'Élysée Claude Guéant, l'ancien conseiller juridique de Nicolas Sarkozy, Hugues Moutouh, un ex-secrétaire général de la Cour des comptes Dominique de Combles de Nayves... Rien que du beau monde pour déverrouiller la « chaîne de régulation » !

« L'avocat le plus puissant de France »

À moins que le numéro un ne soit désormais Darrois et Villey. Jean-Michel Darrois a été qualifié par *Le Point* d'« avocat le plus puissant de France[1] ». « Quand il y a une grosse affaire, on est toujours dans le jeu, que ce soit d'un côté ou de l'autre », confie-t-il au magazine à propos de ses succès dans les fusions-acquisitions. Parmi ses clients, il compte beaucoup de grands patrons d'entreprises publiques et privées, l'État aussi. Il est l'ami de deux personnages très puissants, l'un dans la politique, Laurent Fabius qu'il a connu à Sciences Po, l'autre dans les affaires, Alain Minc. Puis il a sympathisé avec un autre fauve, Nicolas Sarkozy.

1. *Le Point* du 24 mai 2007.

Aussi, lorsqu'en septembre 2007 le nouveau président confie à Jacques Attali, un autre de ses amis, le soin d'animer une commission sur la croissance, évidemment Jean-Michel Darrois en est. Là il rencontre le rapporteur adjoint du groupe, le jeune inspecteur des Finances Emmanuel Macron.

Dix ans plus tard, l'avocat est dans le carré des invités, porte de Versailles, lors du premier grand meeting du futur président de la République. « Pour montrer que les vieux copains sont là[1] », dit-il en toute simplicité. En réalité, en une décennie, son épouse, la grande photographe Bettina Rheims, et lui sont devenus des intimes des Macron qui viennent régulièrement passer un week-end dans leur maison de campagne en Normandie.

Jean-Michel Darrois doit sa puissance à son entregent et à celui de ses collaborateurs. En 2010, il jette son dévolu sur Henri Savoie. Une recrue de choix. À part ses quelques mois à Matignon auprès d'Alain Juppé, cet énarque a passé dix-sept ans au Conseil d'État. De la juridiction administrative suprême, il connaît toutes les ficelles. Tous les hommes aussi. Jean-Michel Darrois lui confie « le pôle droit public et régulation ». De grands groupes vont faire appel à lui pour plaider devant les autorités de régulation comme l'ARCEP, le CSA ou la CRE. Parmi leurs dirigeants, elles comptent toutes un ou plusieurs anciens collègues d'Henri Savoie au Conseil d'État. Henri Savoie intervient même au sein de son ancienne maison en procédure contentieuse contre l'État... Comme, en 2015, pour Bouygues Télécom.

1. « Macron, la première marche », *Les Échos* du 27 janvier 2017.

Devant le Conseil constitutionnel, il a plaidé, en 2012, en faveur du syndicat des transports parisiens. Parmi les juges : son ancien patron au Conseil d'État, Renaud Denoix de Saint Marc. Un tout petit monde, décidément.

Le défenseur de Cyril Hanouna

Dans ses allers et venues place du Palais-Royal, Henri Savoie croise souvent son camarade de promotion à l'ENA, Emmanuel Glaser, également conseiller d'État. Il a été recruté par le cabinet concurrent, Veil-Jourde, en 2011. Un personnage particulièrement intéressant, ce Glaser. Au Conseil d'État, il a siégé à la section du contentieux, puis a rejoint la direction des affaires juridiques de Bercy. Une occasion unique de connaître mieux encore les coulisses de l'État régulateur.

Ça tombe bien : devenu associé chez Veil-Jourde, il défend le groupe Canal Plus et son animateur vedette, Cyril Hanouna, devant le CSA, présidé par son ancien collègue, Olivier Schrameck. Malgré ce début de carrière prometteur, Emmanuel Glaser[1] n'a toujours pas démissionné du Conseil d'État. On n'est jamais trop prudent. Le 25 novembre 2016, il demande et obtient une prolongation de sa mise en disponibilité de trois ans. Son ami Henri Savoie, lui, est définitivement passé

1. Contacté par SMS le 31 août 2017 et par e-mail le 29 août 2017, M. Glaser n'a pas donné suite aux demandes d'entretien de l'auteur.

de l'autre côté en 2017, mais ce fut contraint : après dix ans, l'État ne veut plus assurer les arrières de ses transfuges.

« Ils connaissent la tambouille... »

« Un membre du Conseil d'État, ça nous est très utile, explique un associé de l'une de ces firmes juridiques. Notamment dans ces nouveaux grands programmes[1], comme la construction par Bouygues du nouveau ministère de la Défense à Balard, où s'entremêlent droit public et droit privé. Au cours de sa carrière, un conseiller d'État a forcément croisé les gens qui jouent un rôle dans ce genre de projet très complexe, des politiques, des hauts fonctionnaires... » Autre avantage : « Pour défendre des clients face aux autorités de régulation, on ne peut pas trouver mieux qu'un conseiller d'État[2] ! »

« C'est malheureusement vrai », soupire Jean-Marie Delarue. Ce septuagénaire anguleux est une grande figure du Conseil d'État. Un incorruptible. Respecté et craint à droite comme à gauche. François Fillon en a fait le premier contrôleur général des prisons, et François Hollande le président de la commission qui surveille les écoutes téléphoniques. Il a assisté à cette hémorragie vers le privé avec effarement. « On n'a pas été éduqués pour cela[3] », dénonce-t-il. Mais il

1. Appelés Partenariat public privé.
2. Entretien avec l'auteur, le 25 septembre 2017.
3. Entretien avec l'auteur, le 29 mai 2017.

ajoute : « Devant la juridiction administrative, les membres de notre corps devenus avocats ont un avantage évident : ils connaissent de l'intérieur son fonctionnement, sa tambouille... C'est profondément malsain[1]. »

Prenez cette scout au regard décidé, Emmanuelle Mignon. En 1995, elle sort major de sa promotion à l'ENA et choisit le Conseil d'État. Elle en devient l'une des jeunes à suivre. Quand Nicolas Sarkozy cherche un spécialiste des questions juridiques, le vice-président du Conseil d'État la lui recommande. En 2007, Emmanuelle Mignon devient directrice de cabinet du président, à l'Élysée. En 2010, elle en a assez et entre dans la compagnie du producteur Luc Besson, EuropaCorp, comme secrétaire générale. Puis, merci la fonction publique, elle revient au Conseil d'État. Pour finalement rejoindre en 2015 le cabinet August-Debouzy. Qui la promeut ainsi sur son site Internet : « Son niveau de technicité en droit public allié à sa connaissance de l'appareil d'État sont des atouts considérables pour les clients. » On ne saurait être plus clair.

Du lobbying de haut niveau

Voici Philippe Logak. Un CV des plus rares : polytechnicien et conseiller d'État. Le gratin des grands corps. On a du mal à compter ses allers et retours entre

1. Depuis une mise à jour de la charte de déontologie du Conseil d'État en janvier 2017, ses membres qui deviennent avocats n'ont pas le droit d'interagir professionnellement avec le Conseil pendant cinq ans – ou dix ans s'ils étaient responsables de section.

l'État et le secteur privé. Il commence sa carrière chez Peugeot, puis fait une incursion dans une banque d'affaires pour prendre ensuite l'un des postes les plus sensibles de la République : directeur adjoint de la fabrication des sous-marins nucléaires !

En 2003, il repart dans le privé chez Bredin Prat, revient comme chef du droit public à Bercy, puis directeur adjoint du cabinet de la garde des Sceaux Rachida Dati. Puis, hop, retour dans le privé comme secrétaire général de SFR, un poste créé pour lui. Il déclare alors, grandiloquent : « Je vois ma fonction comme un rôle de vigie sur la place de l'entreprise dans un environnement juridique et institutionnel[1]... » Du lobbying, quoi.

À des journalistes qui l'interrogent sur ses fréquents allers et retours et le risque de conflits d'intérêts, il répond dans une langue en bois d'ébène : « Secteur public et secteur privé sont deux univers qui me semblent aujourd'hui moins divergents que complémentaires et au sein desquels les parcours de carrière ne peuvent que s'enrichir[2]. » S'enrichir, oui, c'est le mot...

En 2014, il échoue à prendre la direction du groupe d'électronique Thales. Alors il revient au Conseil d'État. Dernier domicile professionnel connu : Gide-Loyrette-Nouel, département « droit public » évidemment. À son sujet, le site du cabinet écrit : « Philippe Logak a une connaissance approfondie du secteur public, des entreprises à participation publique, ainsi que des secteurs régulés... » Approfondie, l'adjectif est bien trouvé.

---

1. *Le Monde* du 7 juin 2011.
2. *Ibid.*

Un club ultrafermé

Ce nouveau monde du droit public des affaires est particulièrement consanguin. Ses élites se retrouvent dans un *think tank* très fermé, « le Club des juristes ». La crème de la crème. Quarante personnes, pas une de plus. Il y a là aussi bien le P-DG de Veolia, Antoine Frérot, le secrétaire général de Bouygues, Didier Casas, un ami d'Emmanuel Macron, que le président de l'AMF, Gérard Rameix, le secrétaire général du Conseil constitutionnel, Laurent Vallée[1] ou les incontournables Jean Veil et Jean-Michel Darrois. Autrement dit, dans une même marmite : des régulateurs, des « régulés » et leurs défenseurs. À peine croyable.

Dans cette endogamie structurelle, comment s'étonner que l'État fasse appel toujours aux mêmes cabinets d'avocats d'affaires, les mieux introduits dans l'establishment ? En 2015, la Cour des comptes s'intéresse au recours de l'Agence des participations de l'État aux conseils juridiques extérieurs. Son rapport[2] est virulent. Il établit que les six grands cabinets déjà cités raflent la plupart de ces marchés publics, le plus souvent passés de gré à gré. « Sans, précise la Cour, que ces choix fassent l'objet d'une justification formelle. » Sans doute parce que cette justification n'est pas avouable...

1. Devenu secrétaire général de Carrefour en septembre 2017. Voir p. 188.
2. « Le recours par l'État aux conseils extérieurs », mars 2015.

Les étranges e-mails de François Sureau

Un procès a permis de jeter une lumière crue sur cette connivence entre certains avocats d'affaires et des hauts responsables de l'État. Celui de François Pérol en 2015 que nous évoquions au chapitre précédent. L'ex-secrétaire général adjoint de l'Élysée de Nicolas Sarkozy a été poursuivi pour prise illégale d'intérêts. On le soupçonnait d'avoir, du Palais, créé la banque BPCE, fusion des Caisses d'épargne et des Banques populaires, pour ensuite s'en faire nommer P-DG. Ce qui aurait été illégal[1]. Le juge s'intéresse notamment à ses échanges d'e-mails avec François Sureau. Sureau ? Oui, l'auteur de tant de romans à succès, Grand Prix de l'Académie française pour *L'Infortune*[2] et Goncourt de la nouvelle pour *Le Sphinx de Darwin*[3]. Car, loin des caméras, cet énarque est aussi ancien maître des requêtes au Conseil d'État et avocat d'affaires en exercice.

Quand François Pérol entre à l'Élysée, François Sureau est conseil des Caisses d'épargne. Les deux hommes se connaissent depuis longtemps. Le romancier s'en vante auprès de son client : « Avoir le plus

1. L'article 432-13 du code pénal interdit à tout fonctionnaire ou agent public de conclure des contrats ou de travailler dans ou avec une entreprise dont il aurait « assuré le contrôle ou la surveillance » ou à propos de laquelle il aurait « proposé des décisions » ou « formulé des avis » aux autorités politiques.

2. Gallimard, 1990.

3. Fayard, 1997.

proche collaborateur de Nicolas Sarkozy servira nos intérêts[1]... » Il écrit souvent à son ami François Pérol au sujet des nominations en cours dans la haute administration, sur le business aussi. Celui de son client, les Caisses d'épargne en particulier. À tel point que le président du tribunal déclare dans son jugement : « Ces nombreux messages questionnent quant au fonctionnement de l'État et sa porosité, attendu que le ton de ces messages et leur apparente familiarité révèlent une collusion. » Il ajoute : « Indépendamment de savoir si les propositions de M. Sureau étaient ou non suivies d'effets, la récurrence des messages adressés à M. Pérol sur le rapprochement envisagé révèle une influence ou tentative d'influence. » Mais il conclut : « Attendu toutefois que le tribunal dit qu'aucun élément ne permet d'établir que M. Pérol y a donné suite, ils constituent un élément de contexte mais pas une preuve de culpabilité au regard des faits reprochés. » Le prévenu est relaxé.

François Sureau poursuivra sa triple carrière d'écrivain, d'avocat et de lobbyiste. En 2017, il est omniprésent dans les coulisses de la campagne présidentielle. Il conseille François Fillon, dont il écrit une partie du discours musclé du Trocadéro. Sans perdre ni l'amitié ni l'admiration d'Emmanuel Macron, qu'il a rencontré chez Rothschild. Le président le dit et le répète : il « adore » ce représentant de « la droite littéraire[2] ». Quel honneur !

1. E-mail présenté lors du procès.
2. Interview d'Emmanuel Macron par Jérôme Garcin dans *L'Obs* du 16 février 2017.

Une charge d'Ancien Régime

Depuis 2014, François Sureau jouit d'un privilège supplémentaire : il a été accepté comme l'un des très rares « avocats » dit « aux conseils ». Les titulaires de cet office prestigieux ont le monopole de la représentation des justiciables devant le Conseil d'État et la Cour de cassation. Relique de l'Ancien Régime, ce système est régi par une ordonnance royale de 1817 ! Soixante-quatre offices peuvent être habilités. Pas un de plus. Or le nombre de dossiers contentieux augmente très vite. Du coup, selon l'Autorité de la concurrence, le bénéfice annuel moyen des avocats aux conseils s'élevait, en 2014, à 543 000 euros, soit 45 000 euros par mois[1] chacun !

Lorsqu'il était ministre de l'Économie, Emmanuel Macron a proposé de déverrouiller ce système archaïque. Il n'a pas eu gain de cause. « Le lobby des avocats aux conseils a été extrêmement efficace[2] », décrypte un ancien haut responsable. Le gouvernement n'a autorisé la création que de quatre offices supplémentaires. Et encore les candidats doivent-ils passer devant une commission présidée par un conseiller d'État. Comme dirait le rapporteur de la loi à l'Assemblée, tout cela peut « donner le sentiment d'un entre-soi ». En effet.

1. Avis de l'Autorité de la concurrence du 10 octobre 2016.
2. Entretien avec l'auteur, le 29 septembre 2017.

Parmi ces rentiers, certains sont encore plus privilégiés que d'autres. « Quelques avocats aux conseils sont aussi membres en disponibilité ou honoraires... du Conseil d'État : ils plaident donc devant leurs anciens collègues, confie un président adjoint de section qui est furieux mais préfère rester anonyme. Cette confusion des genres est scandaleuse ! Je ne comprends pas comment elle a pu être autorisée[1]. »

Soyons juste. Seule une minorité parmi les membres des grands corps rejoint des cabinets d'avocats. « Neuf membres du Conseil d'État sont aujourd'hui en disponibilité pour exercer cette fonction[2] », note Jean-Marc Sauvé, vice-président de cette honorable institution, sans préciser combien d'anciens sont inscrits au barreau... Quoi qu'il en soit, la tendance est là, sans doute irréversible. Et, dans certains domaines, elle est atterrante. Le fiscal, surtout.

1. Entretien avec l'auteur, le 5 juin 2017.
2. Entretien avec l'auteur, le 24 octobre 2017.

9

Scandale aux impôts

C'est un scandale de basse intensité. Les initiés en parlent entre eux. Les médias, pas encore... Pourtant, s'il fallait une preuve, une seule, que beaucoup de hauts fonctionnaires profitent de leur connaissance intime de l'État pour s'enrichir, la voici : depuis plusieurs années, un nombre croissant de cadres supérieurs de l'administration fiscale deviennent avocats fiscalistes, pour des cabinets français et étrangers ou pour leur propre compte. Et ce, du jour au lendemain !

Grâce à leur savoir-faire enrichi tout au long de leur carrière au sein de la Direction générale des finances publiques (DGFiP), ces grands commis de l'État sont les mieux placés pour booster l'« optimisation fiscale », comme on dit pudiquement au siège des grandes entreprises. En clair, ils connaissent mieux que quiconque les points faibles des règles fiscales qu'ils ont parfois eux-mêmes édictées. Et savent donc à merveille comment réduire le montant des impôts de leurs riches clients – et par là les recettes de cet État qui les a formés et nourris.

Le coup de gueule de Michel Sapin

Délires de gauchiste en mal de complot ? Écoutez plutôt Michel Sapin. Il a été deux fois ministre des Finances, à la fin des années 90 et sous François Hollande. Il a donc dirigé l'administration fiscale pendant plusieurs années. Or c'est lui qui tire la sonnette d'alarme : « Bercy et plus précisément la Direction générale des finances publiques fabriquent à tour de bras des avocats fiscalistes dans des conditions très discutables[1] », déplore-t-il.

Des exemples ? L'inspecteur des Finances Jean-Pierre Lieb a fait toute sa carrière à la DGFiP, dont il a dirigé la branche « fiscalité des entreprises ». À 52 ans, il décide de changer de vie. Et d'employeur. En 2014, il se retrouve chez EY Société d'avocats. Où ? Dans le département « *Business tax services* », pardi !

« C'est incroyable, s'insurge l'un de ses collègues. Pendant des années, Lieb a fourni des "rescrits" à des entreprises, c'est-à-dire des interprétations de textes fiscaux qui engagent l'administration. Et le voilà, comme si de rien n'était, de l'autre côté de la barrière. » La commission de déontologie lui a interdit de travailler pendant trois ans pour les entreprises avec lesquelles il était en contact à Bercy. « Mais rien n'empêche son cabinet de faire signer ses recommandations par quelqu'un d'autre[2] »,

1. Entretien avec l'auteur, le 15 juin 2017.

2. Contacté par e-mail à plusieurs reprises, M. Lieb n'a pas donné suite aux demandes de l'auteur.

soupire la même source. On notera que sa femme, Marie-Sophie Dupont-Lieb, est, elle, toujours chef de la division « recouvrement forcé » à Bercy !

Les allers et retours de M. Goulard

Il y a plus surprenant encore. Guillaume Goulard est le mari de l'éphémère ministre des Armées d'Emmanuel Macron, Sylvie Goulard. Le couple se forme à l'ENA à la fin des années 80. Lui entre au Conseil d'État, où il reste quinze ans, notamment au contentieux fiscal. En 2004, il file chez Gide-Loyrette-Nouel. Comme avocat fiscaliste évidemment. A-t-il eu un accès de nostalgie ?

En tout cas, juste avant d'être rayé des cadres, il décide, en septembre 2013, soit dix ans après son départ dans le privé, de revenir au Conseil d'État. Par la grande porte : le voilà, dix-huit mois plus tard, président de la 9e chambre. Celle du contentieux fiscal, bien sûr ! Attention, n'y voyez pas de malice. Le Conseil d'État assure que Guillaume Goulard « a eu lors de son arrivée un entretien déontologique[1] » et qu'« il a déposé une déclaration d'intérêts sur le fondement de la loi d'avril 2016 » relative à la déontologie des fonctionnaires. Vous voilà rassurés.

1. E-mail à l'auteur du 26 octobre 2017.

« Se créer une clientèle »

Cet exode massif démarre au tout début des années 90, quand un décret autorise beaucoup de hauts fonctionnaires à s'inscrire au barreau[1]. Un autre fusionne les fonctions d'avocats et de conseillers juridiques. La voie est ouverte.

Robert Baconnier est l'un des premiers à s'engager dans la brèche. Cet énarque a gravi les échelons de l'administration fiscale avant d'être nommé auprès du ministre du Budget de Giscard, un certain... Maurice Papon. De 1986 à 1989, Robert Baconnier est le puissant patron de la Direction générale des impôts, à la tête de 80 000 personnes. Il sait tout de la politique fiscale présente et à venir du gouvernement. Puis il devient le payeur général du Trésor, autrement dit le comptable de l'État. Et voilà que, quelques mois plus tard, il jette l'éponge et rejoint l'un des leaders du conseil juridique et fiscal français Francis Lefebvre pour en devenir, du jour au lendemain, le président du directoire. À l'époque, l'homme assure qu'il gardera « un sens de l'intérêt général[2] ». Pourtant, en 2003, il est nommé président du comité fiscal du Medef.

L'exemple de Robert Baconnier est suivi, en 1993, par le major de la promotion Voltaire : Jérôme Turot. Il a tous les atouts pour le faire. Après l'ENA, il entre au Conseil d'État où il se spécialise, vous l'avez deviné,

1. Voir le chapitre « La République des avocats d'affaires », p. 117.
2. *Les Échos*, 21 mai 1991.

dans le contentieux fiscal. Il dirige même le Centre de coordination et de documentation sur le sujet. Bref, il est le « M. Doctrine[1] » du contentieux fiscal au Conseil d'État. Et voilà que, hop, en 1993, il crée son propre cabinet. Tout seul. Très vite, il décroche de gros clients, des entreprises du CAC 40. Comment réussit-il ce tour de force ? « Certains constituent leur clientèle, en catimini, alors qu'ils sont encore au Conseil, ça les aide à démarrer », assure un maître des requêtes. Rien ne dit évidemment que tel a été le cas de Jérôme Turot.

Les bonnes affaires de l'ami d'Hollande

En tout cas, un autre « voltairien », Dominique Villemot, lui emboîte le pas. « J'étais administrateur civil aux Finances, raconte-t-il d'une voix douce et hésitante. J'ai fait mes dix ans à la direction des impôts. J'ai terminé chef du bureau de la fiscalité des entreprises. Je m'occupais de l'application de la législation[2]. » Après les décrets de 1991, il est embauché par le grand cabinet anglo-saxon Coopers et Lybrand, puis en 1998 il crée sa propre firme. « Aujourd'hui, nous sommes quinze associés », assure Dominique Villemot, avec fierté. Une réussite qui ne doit rien au hasard.

Avant que son ami Hollande ne soit élu, son cabinet était plus petit et situé dans un quartier peu chic de la capitale, dans une rue malcommode. C'est là que

1. *Décideurs magazine*, 2 janvier 2012.
2. Entretien avec l'auteur, le 12 juillet 2017.

l'aventure présidentielle de « François » a commencé. Au début de la campagne de 2012, les rares fidèles de Hollande se réunissaient régulièrement dans ces bureaux un peu vieillots. En cinq ans, pas mal d'eau a coulé sous les ponts. Aujourd'hui, le cabinet Villemot est situé en plein cœur du VIIIe arrondissement, à quelques encablures des Champs-Élysées.

« Au cours du quinquennat, les entreprises savaient que je conseillais le président dans le domaine fiscal et que, par exemple, j'ai milité contre la taxe de 75 % sur les revenus de plus d'un million d'euros par an », explique-t-il candidement. Cette proximité avec le chef de l'État a-t-elle joué dans cet embourgeoisement notable ? « Peut-être un peu », répond Dominique Villemot, avec un léger sourire.

Aujourd'hui, il est macronien en diable. Vice-président du club des Gracques qui a soutenu la candidature du jeune inspecteur des Finances, il a fondé le *think tank* « Démocratie vivante », destiné aux socialistes « compatibles ». Il approuve avec délice les mesures du nouveau président en matière d'impôts. Normal : elles sont le plus souvent favorables à ses clients. Mais il continue de pester contre le monopole des avocats aux conseils[1], seuls habilités à plaider devant les juges du contentieux fiscal au Conseil d'État. « Nous ne pouvons être que les sous-traitants de ces quelques privilégiés qui n'y connaissent rien mais qui, du fait de leur rente de situation, empochent, sans rien

1. Voir le chapitre précédent.

faire, de sacrés honoraires», s'emporte-t-il, sans jamais élever la voix.

Un coup à neuf milliards d'euros!

Une affaire très récente a mis au jour l'impact funeste des transfuges de Bercy sur les finances de l'État. L'histoire commence en juillet 2012 quand le nouveau gouvernement socialiste instaure une taxe de 3 % sur les dividendes versés aux actionnaires. Une mesure destinée à favoriser l'investissement productif et à renflouer les caisses du Trésor public. Mais qui, évidemment, exaspère les entreprises et leurs propriétaires. L'un d'eux, qui ne veut pas que son nom apparaisse dans les médias, saisit un avocat fiscaliste. Sa mission : trouver une faille dans cette loi «scélérate» pour le CAC 40.

L'avocat en question s'appelle Nicolas Jacquot. Vous vous en doutez, c'est un énarque qui a longtemps travaillé à la DGFiP. Il a même dirigé sa cellule fiscalité d'entreprises, avant de devenir le «M. Impôt» de différents ministres, dont Nicolas Sarkozy. Dès l'élection de ce dernier à l'Élysée, Nicolas Jacquot est recruté par une grande firme anglo-saxonne puis par Arsene Taxand. Pourquoi ce cabinet semble-t-il seulement connu des initiés? Car c'est le premier exclusivement spécialisé en fiscalité. On comprend mieux. Là, l'énarque en retrouve deux autres, qui, comme lui, ont fait une grande partie de leur carrière à la DGFiP : Antoine Glaize, ancien patron du contrôle fiscal, et Michel Taly, ex-directeur de la législation fiscale. Trois chevaliers du fisc parfaitement armés pour affronter Bercy, leur ancien employeur.

La QPC magique

Pour tuer la taxe sur les dividendes, Nicolas Jacquot trouve la faille. Elle est nichée dans une directive européenne concernant les relations entre maison mère et filiales[1]. Il dépose une question prioritaire de constitutionnalité, une « QPC » dans le jargon. Ce nouvel outil juridique, créé par Nicolas Sarkozy, permet à tout plaignant de demander au Conseil constitutionnel de vérifier la conformité d'une loi avec la Constitution. « Nous craignions que [les Sages] ne reculent face à l'ampleur des montants en jeu », explique Nicolas Jacquot.

Pourtant, le 6 octobre 2017, ils donnent raison aux plaignants. Invalident la taxe. Et exigent le remboursement par l'État des sommes indûment collectées depuis 2012, soit neuf milliards d'euros ! Un désastre pour le budget de la France. Ironie de l'histoire, Nicolas Jacquot était à l'ENA dans la même promotion que Bruno Le Maire, le ministre de l'Économie d'Emmanuel Macron. Une histoire de transfuges, en somme.

1. Pour comprendre l'affaire sur le plan juridique, lire *Challenges* du 16 octobre 2017.

10

Lobbyistes *made in France*

La scène, que l'on croirait tout droit sortie d'un film politique des années 70, se déroule au Havre, le samedi 27 mai 2017. Édouard Philippe, le maire, est Premier ministre depuis quelques jours. Il est revenu dans sa ville assister à son dernier conseil municipal. Et inaugurer les festivités du 500e anniversaire de la cité-port créée en 1517 par François Ier. À la fin de la cérémonie, un homme jovial, au visage rond et aux cheveux blancs, se faufile vers lui. Il lui glisse quelques mots à l'oreille et lui donne un petit papier. Le chef du gouvernement s'en va serrer d'autres mains. Clap de fin.

« Édouard Philippe et moi »

L'homme à l'abord si plaisant s'appelle Éric Giuily. Il est lobbyiste. Pas n'importe lequel. Pas un vulgaire attaché parlementaire reconverti dans les relations publiques. Un seigneur du métier. Sorti major de l'ENA en 1978, il a été P-DG d'Antenne 2 et de l'AFP. Depuis 2009, il est patron de sa propre firme, CLAI, qui emploie trente personnes. Son fonds de commerce :

l'inépuisable réseau constitué au fil de sa longue carrière. « Quand j'ai été invité à cette cérémonie au Havre, je me suis dit que cela pouvait être utile à l'un de mes clients[1] », raconte-t-il avec un petit sourire.

Moquette beige immaculée, élégantes cloisons en verre translucide, canapés en cuir... Son agence est installée dans les beaux quartiers de Paris, au deuxième étage d'un immeuble haussmannien, derrière l'église Saint-Augustin. Dans son bureau, deux photos encadrées : à gauche, lui avec le président Mitterrand, dont il a été, au début des années 80, le directeur des collectivités locales ; à droite, un chèque de 1,8 million d'euros adressé, en 2009, par Suez à Publicis Consultants, l'agence qu'il dirigeait à l'époque, son plus gros contrat. L'État à gauche, le privé à droite. Deux mondes qu'il sait si bien rapprocher.

« Sur le bout de papier que j'ai remis à Édouard Philippe, assure-t-il, je lui expliquais en quelques lignes les problèmes urgents de l'un de mes clients. Et, quelques semaines plus tard, j'ai obtenu un rendez-vous avec l'un de ses conseillers à Matignon. » Il ajoute : « Avec Édouard Philippe, nous nous croisons de temps à autre. Il vient du Conseil d'État, comme moi... » Il pourrait ajouter qu'entre 2007 et 2010 le Premier ministre a été lui-même lobbyiste pour le numéro un français du nucléaire, Areva. Un collègue, donc.

1. Entretien avec l'auteur, le 20 septembre 2017.

« “Le Siècle”, évidemment que ça aide ! »

Comme Édouard Philippe, Éric Giuily est également membre du « Siècle », le club ultrasélect de la nomenklatura française. « J'y suis entré en 1983, raconte-t-il avec gourmandise. C'est le vice-président du Conseil d'État de l'époque qui me l'a proposé. Mitterrand venait d'arriver au pouvoir et, au “Siècle”, il n'y avait pas encore de représentants de la nouvelle administration. Je crois que j'ai été le premier. » Les dîners mensuels du club l'aident-ils dans ses affaires ? « Évidemment ! répond-il, sans hésiter. Bon, il n'est pas d'usage d'y parler business. Mais si, à l'apéritif, je croise, disons, Guillaume Pepy [président de la SCNF] et que j'ai un projet à lui proposer, je lui en glisse un mot. Il me dit qui appeler dans son équipe, de sa part. Et on change de sujet. » Le nom de Pepy ne lui est pas venu à l'esprit par hasard. Le patron de la SNCF est, lui aussi, un énarque membre du Conseil d'État.

La noblesse d'État ne fait plus la fine bouche

Bienvenue dans le monde du lobbying à la française. Qui s'épanouit dans le concubinage des grands corps. Pour forcer l'antichambre, le « lobby », disent les Britanniques, de la noblesse d'État, il est hautement préférable d'en être. Il est vrai que, pendant longtemps, les hauts fonctionnaires ont rechigné à embrasser cette profession mal considérée. Mais, au fur et à mesure de son démantèlement, l'État ne leur a plus offert autant de débouchés bien rémunérés. Alors que, dans le même temps, la croissance exponentielle de la réglementation a fait prospérer le marché du lobbying. Du coup, depuis une quinzaine d'années, nos aristocrates de la fonction publique ne font plus la fine bouche.

Le diplomate de Sarkozy et un général de corps d'armée

Pour son agence ESL Network, Alexandre Medvedowsky a choisi une adresse qui claque : 100, avenue des Champs-Élysées. Presque trop flashy. Qu'importe : col ouvert, chaussures claires, ce conseiller d'État honoraire a renoncé aux us et coutumes austères du Palais-Royal. Visiblement cet Aixois de 58 ans, membre du Parti socialiste, est plus à son aise dans l'univers «cool» des *public relations* que dans celui, compassé, du Conseil d'État qu'il a arpenté pendant quinze ans. Mais, quand il s'agit de business, le méridional n'a rien oublié des codes très parisiens de son ancien monde. C'est grâce à lui que cet énarque reconverti en lobbyiste prospère.

Récemment il a recruté deux ex-responsables de haut niveau. Emmanuel Beth, qui fut général de corps d'armée. Et surtout Jean-David Levitte, le plus capé des diplomates français. Ancien ambassadeur à Washington et à l'Organisation des Nations unies (ONU), conseiller diplomatique des présidents Chirac et Sarkozy, il a été élevé à la dignité d'ambassadeur de France : un titre honorifique qu'il portera jusqu'à la fin de ses jours et qui lui confère, outre 500 euros de retraite supplémentaire, un passeport diplomatique. Un sésame qui en jette.

« Je les ai embauchés parce que ce sont de formidables ouvreurs de portes, avec des carnets d'adresses incroyables ! s'enthousiasme Alexandre Medvedowsky. Rendez-vous compte : Jean-David est le plus grand diplomate vivant. Quelle aubaine de l'avoir avec soi ! Pour débloquer un dossier ou un contrat à l'étranger[1]. » Lequel par exemple ? « C'est confidentiel... » En tout cas, le diplomate doit rendre de sacrés services. Il facture ses prestations via la société de conseil qu'il a créée en 2012, juste après son départ de l'Élysée, JDL Conseil. En 2016, son bénéfice net s'est élevé à 792 000 euros[2]. Et il en est l'unique actionnaire. De quoi compléter sa pension d'ambassadeur de France...

Le général Beth est tout aussi utile à Alexandre Medvedowsky. En juin 2015, ESL Network, qui fait aussi dans l'« événementiel », a organisé la somptueuse cérémonie d'inauguration du nouveau canal de Suez. Un joli coup. « Pour décrocher ce marché, la compétition a été très rude, raconte le conseiller d'État honoraire. Nous avions de sérieux concurrents comme Richard Attias[3]. Mais l'Égypte est dirigée par des militaires. Outre l'excellence des relations diplomatiques

1. Entretien avec l'auteur, le 28 juin 2017.
2. Source : société.com.
3. Le mari de Cécilia Ciganer, ex-Sarkozy, est patron d'une compagnie de « communication stratégique », Richard Attias and Associates, qui a longtemps été l'organisatrice du forum de Davos.

entre nos deux pays, la présence dans notre équipe d'un ancien général de corps d'armée a été un atout important. » En quoi ? Il n'en dira pas plus.

L'étrange carrière de la présidente des anciens de l'ENA

Au conseil de surveillance d'ESL Network siège depuis longtemps une autre personnalité qui incarne, à elle toute seule, la porosité entre la haute fonction publique et le lobbying : Christine Demesse. Elle a été à la fois présidente de l'association des anciens élèves de l'ENA[1] et patronne de sa propre agence de lobbying. Sacré grand écart ! « On ne peut rien me reprocher, assure-t-elle au siège de l'association, boulevard Saint-Germain. J'ai travaillé pendant vingt ans dans l'administration, notamment à Bercy. Mais, en 1999, je me suis retrouvée dans un placard, au CGefi[2], où l'on bosse 35 heures par... an. La fédération des industries du tabac m'a proposé de m'occuper d'elle et de ses problèmes fiscaux. J'ai sauté sur l'occasion. Et voilà comment tout a commencé[3]. » Elle assure que, dans son métier de lobbyiste, elle n'utilise jamais sa qualité de présidente de l'association des anciens de l'ENA. Et qu'elle ne fait jamais bénéficier ESL Network de ses contacts

1. Après deux mandats de trois ans, elle a été remplacée en mars 2017 par Daniel Keller.
2. Contrôle général économique et financier.
3. Entretien avec l'auteur, le 7 février 2017.

privilégiés dans l'administration. On n'est pas forcé de la croire.

Un lobbyiste dans le cabinet d'Édouard Philippe

Quoi qu'il en soit, Alexandre Medvedowsky peut aujourd'hui se vanter auprès de ses prospects d'avoir un accès privilégié à la Macronie. Par ses réseaux socialistes, lui qui fut adjoint au maire d'Aix-en-Provence ? Pas seulement. Jusqu'en mai dernier, son bras droit était Xavier Chinaud. Cela ne vous dit rien ? Cet homme joufflu est le fils de l'ex-sénateur giscardien Roger Chinaud et un ancien du cabinet Raffarin à Matignon. Aujourd'hui il travaille de nouveau à Matignon, auprès cette fois d'Édouard Philippe, l'un de ses amis.

Oui, le Premier ministre a embauché comme conseiller politique un homme qui, juste avant, était lobbyiste et ce, depuis dix ans ! Évidemment, on vous dira que tout est étanche, que jamais Xavier Chinaud ne fera de faveur à son ancien employeur. D'autant moins qu'une loi sur le lobbying encadre désormais cette activité. Mais écoutons Alexandre Medvedowsky.

Ce jour-là[1], le patron d'ESL Network peste justement contre cette réglementation que Michel Sapin vient de faire adopter à l'Assemblée. « Bientôt, explique-t-il, nous allons devoir déclarer tous les contacts que nous prenons dans le cadre de notre travail de lobbyiste. Les heures, les noms, le sujet. Tout. Sauf que, si j'invite un

1. Entretien avec l'auteur, le 28 juin 2017.

de mes anciens associés, Xavier Chinaud, dans un dîner privé à mon domicile, je ne suis tenu de faire aucune déclaration. Qui pourra alors vérifier de quoi nous allons parler ? Personne ! »

Il précise que cela n'est qu'une hypothèse de travail pour prouver les imperfections de cette loi, qu'il n'entend évidemment pas transgresser.

Il n'y a pas que les cabinets spécialisés : le patronat embauche aussi des membres des grands corps comme lobbyistes. Prenez la conseillère d'État Dorothée Pineau. Depuis 2013, elle travaille avec Pierre Gattaz comme directrice générale adjointe du Medef en charge du pôle « sphère publique ». Au siège de l'organisation, avenue Bosquet, cette quinqua dynamique, un peu rétro dans sa robe blanche, vient chercher ses visiteurs dans le hall très années 70. Direction : son modeste bureau, juste à côté de celui du président. À peine assise, elle sursaute de joie. Elle vient de recevoir un texto. « Super, s'écrie-t-elle, le Conseil constitutionnel vient de valider la loi d'habilitation des ordonnances ! Donc c'est parti pour la réforme du code du travail voulue par Macron. Et poussée par nous [1] ! » Chouette.

L'énarque de Pierre Gattaz

Dorothée Pineau est une femme du centre, donc de droite, diront certains. Dans sa jeunesse, elle a milité pour Raymond Barre. En 2007, elle a dirigé la campagne de

1. Entretien avec l'auteur, le 7 septembre 2017.

François Bayrou. « Mais je l'ai quitté quand il a refusé de soutenir Nicolas Sarkozy », raconte-t-elle. Après la défaite de son poulain, elle retourne au Conseil d'État le temps de souffler. Puis elle prend la direction des chambres de commerce.

En 2013, des chefs d'entreprise lui proposent de s'occuper d'un autre poulain : l'industriel Pierre Gattaz, qui brigue la succession de Laurence Parisot à la présidence du patronat. Avec lui, « cela a été le coup de foudre », lance-t-elle, toute chose. Enthousiasmée par son programme ultralibéral, elle accepte. Mais elle aimerait bien mêler l'aventure du privé et le confort de l'État. « J'ai demandé au vice-président du Conseil d'État de me mettre en détachement au Medef, et non en disponibilité, afin que mon ancienneté et mes droits à la retraite continuent à s'accumuler, dit-elle en toute franchise. C'est ce que l'on fait quand on va dans un établissement public. » Elle ajoute, le plus sérieusement du monde : « Je lui ai expliqué que c'était un peu pareil, qu'au Medef j'allais travailler pour l'intérêt général » ! Un peu comme à la Fondation de France, quoi. Elle ne comprend toujours pas bien pourquoi cela lui a été refusé.

Au Medef, la conseillère d'État en disponibilité gagne « 11 600 euros nets par mois ». « Pierre Gattaz m'appelle affectueusement "mon énarque", confie-t-elle, fièrement, lui qui les déteste tous. » Elle met son réseau dans les grands corps au service du patronat. Et manifestement c'est plutôt efficace. Sous la présidence Hollande, Pierre Gattaz engrange plusieurs succès. « Pour faire passer le CICE[1] et le pacte de responsabilité, il fallait de bons contacts à Bercy, confie-t-elle. Je les ai et j'ai le discours, les codes. Je suis aussi capable de rédiger des amendements pour le Sénat parce que c'est mon métier... », explique la conseillère d'État. Fin 2017, après le départ de Pierre Gattaz, elle quitte aussi le Medef. Elle rejoint le réseau de lobbying ESL Network d'Alexandre Medvedowsky, son ancien collègue du Conseil d'État. Un grand corps dont elle est toujours membre.

40 000 euros par mois pour diriger une fédération

Après le départ de Dorothée Pineau, il reste d'autres énarques au Medef. On les trouve parmi les dirigeants de fédérations patronales. Il faut dire que le job est très, très bien payé. Un inspecteur des Finances qui a dirigé l'une d'elles, parmi les plus importantes, révèle sous le sceau du secret qu'il touchait 40 000 euros bruts par mois[2] ! Il y a d'abord Jacques Creyssel, un ancien du Trésor qui pilote la Fédération des entreprises du commerce et de la distribution. Fils du conseiller d'État Pierre Creyssel, qui a été directeur de cabinet de plusieurs ministres de la Ve République, Jacques est, dit-on, plus à l'aise sous les lambris de la République que dans les rayons d'hypermarchés.

1. Crédit d'impôt pour la compétitivité et l'emploi.
2. Source confidentielle de l'auteur.

Il y a aussi Philippe Lamoureux, sorti de l'ENA en 1989. Un cas très différent. C'est un inspecteur général des Affaires sociales. Il a fait partie du cabinet du ministre de la Santé Bernard Kouchner. Il a été secrétaire général de l'Agence du médicament, puis de l'Institut national de prévention et d'éducation pour la santé. Un grand spécialiste donc des politiques publiques. Et voilà qu'en 2008 il passe de l'autre côté de la barrière pour devenir directeur général de Les entreprises du médicament (Leem), le syndicat de l'industrie pharmaceutique. À l'époque beaucoup espèrent que la présence d'un tel professionnel de la santé à la tête de cette organisation va pousser les labos à plus de transparence. Il n'en sera rien. Mediator, Dépakine, Levothyrox... les scandales se multiplient depuis dix ans. Et Philippe Lamoureux est toujours là, défenseur numéro un de cette industrie toujours problématique.

L'atterrante histoire de la patronne des banques

Il y a aussi Marie-Anne Barbat-Layani, patronne de la Fédération bancaire française depuis 2014. La pénible histoire de sa nomination, révélée par Mediapart[1], est ô combien révélatrice de l'état d'esprit de ces hauts fonctionnaires qui entendent bénéficier à la fois des privilèges des grands corps et des salaires du privé. Sortie de l'ENA en 1993, Marie-Anne Barbat-Layani passe

1. «Le plan de carrière emblématique d'une oligarque de Bercy», Laurent Mauduit, Mediapart, 13 décembre 2013.

quinze ans à la direction du Trésor à Bercy. De 2002 à 2007, elle y est chargée... des banques. Puis, sans que la commission de déontologie des fonctionnaires y trouve rien à redire, elle devient, du jour au lendemain, numéro deux du Crédit Agricole. Elle revient dans l'État en 2010 au plus haut niveau : directrice adjointe du cabinet du Premier ministre, François Fillon. Elle a été recommandée par son prédécesseur et ami, l'inspecteur des Finances Antoine Gosset-Grainville[1]. Elle reste à ce poste jusqu'à la fin du quinquennat Sarkozy. Une loyauté dont elle sera amplement récompensée.

La carrière de Marie-Anne Barbat-Layani[2] devient, en effet, particulièrement intéressante à partir du 8 mai 2012. C'est le jour de son quarante-cinquième anniversaire. L'âge minimal requis pour être nommé « inspecteur général des Finances » et entrer dans ce corps prestigieux. Quarante-huit heures plus tôt, Nicolas Sarkozy a perdu le second tour de l'élection présidentielle. Pourtant, ce 8 mai 2012, celui qui est chef de l'État pour quelques jours encore signe un décret nommant Marie-Anne Barbat-Layani « inspectrice générale des Finances ». Beau cadeau d'anniversaire. Mais ce n'est pas fini.

Pour être titularisée définitivement dans ce corps, le postulant doit attendre dix-huit mois, c'est la loi. Elle s'installe donc au septième étage du bâtiment Colbert, à Bercy, celui de l'inspection des Finances. Pond quelques

1. Voir le chapitre « La République des avocats d'affaires », p. 117.
2. Malgré plusieurs tentatives, Mme Barbat-Layani n'a jamais donné suite à mes demandes d'entretien.

rapports. Et patiente. Et voilà que, second miracle, le 8 novembre 2013, soit dix-huit mois jour pour jour après le décret de Nicolas Sarkozy !, François Hollande signe celui de sa titularisation. À partir de ce jour, quoi qu'il arrive, Marie-Anne Barbat-Layani jouit de la sécurité et du prestige du corps de l'inspection des Finances.

Elle peut désormais rejoindre le secteur privé, l'esprit tranquille. Et, comme les choses sont bien faites, elle est nommée un mois plus tard directrice générale de la fédération bancaire. Elle va faire le lobbying de la profession. Les banquiers seront ravis de leur choix : son expérience au Trésor « lui assure la capacité de promouvoir les positions [des banques] et les défendre devant les différentes autorités[1] », déclare quelques jours plus tard son ami Gosset-Grainville devenu, lui, avocat d'affaires à succès.

Bernard Spitz, ou l'art de tirer sur la corde

Et puis, il y a Bernard Spitz, le flamboyant président de la Fédération française de l'assurance. Encore un conseiller d'État. Un proche d'Emmanuel Macron qu'il a soutenu via le club des Gracques qu'il préside. Membre du « Siècle », il a passé des années à cheval entre le public et le privé. Au risque parfois de se retrouver cul par-dessus tête.

Dans le couloir qui mène à son bureau, dans un immeuble magnifique du boulevard Malesherbes, la

1. *Les Échos*, 8 janvier 2014.

moquette bleu foncé est délicieusement épaisse. Le quinquagénaire un peu dégarni est charmant, brillant, bobo en diable. Dans son bureau, il collectionne les affiches de Mai-68 : «La lutte continue», «Refusez l'intoxication» ou «Non à la bureaucratie». On croit même distinguer au fond de la grande pièce un poster du Che. Chez l'un des dirigeants du Medef ! Les lignes sont-elles devenues floues à ce point ? En tout cas, Bernard Spitz adore jouer avec.

Après avoir fait partie du cabinet Rocard à Matignon, il entre chez Canal Plus. «Comme j'y suis resté quatre ans, je ne voulais pas épuiser les quelques années dont je disposais pour travailler dans le privé sans quitter définitivement le service public. Et puis ma fille venait de naître, j'avais besoin d'un peu de temps. Je suis donc revenu au Conseil d'État[1]», raconte-t-il comme si de rien n'était. Pendant quelque temps, il accomplit son travail de rapporteur. Se spécialise dans les sujets technologiques. Puis on lui donne un petit bureau à côté, rue de Valois, au ministère de la Culture. «Je me suis occupé de la célébration du vingtième-cinquième anniversaire de la mort d'André Malraux, un homme dont le destin m'a toujours fasciné, jusqu'à sa panthéonisation.»

Pendant ce temps, il écrit aussi *Notre État, le livre vérité de la fonction publique*[2] que Bernard Spitz codirige avec l'inspecteur des Finances Roger Fauroux, ancien patron de Saint-Gobain... et de l'ENA. Dans

1. Entretien avec l'auteur, le 13 février 2017.
2. Robert Laffont, 2001.

l'ouvrage, on lit page 57 un jugement tranchant : « Le statut de la fonction publique offre aux hauts fonctionnaires qui pantouflent des garanties injustifiées. » Quelques lignes que Bernard Spitz a probablement mal comprises. Car nous sommes début 2000 et il est temps pour notre conseiller d'État de revenir dans le privé, sans rompre bien entendu avec son corps d'origine.

La flexibilité, c'est pour les autres

« Jean-Marie Messier m'a proposé de diriger la stratégie de Vivendi, raconte-t-il. J'étais là au moment de la fusion avec Universal. C'était disruptif. » De fait, l'aventure se termine assez vite, au bout de quatre ans, en 2004. Fort de ses contacts tous azimuts, notre énarque fonde BS Conseil, un petit cabinet de consulting qui décolle vite. Puis, en 2008, il est recruté par la Fédération française de l'assurance (FFA) comme patron. Il doit vendre à l'opinion publique et à l'administration cette profession qui n'a pas toujours bonne presse. Pour ce faire, il est très bien payé. Pourtant, le groupe des Gracques, dont il est l'informel président, vient de publier son *Manifeste pour une gauche moderne* dans lequel il propose « l'extinction des protections d'emploi dont bénéficie la haute fonction publique »... Pour tous ? Ou pour les autres ?

Le 28 février 2012, le président de la FFA atteint le quota de dix ans maximal de mise en disponibilité. Il doit démissionner. Encore un peu, M. le bourreau !

Il aime tant le Conseil d'État ! N'y aurait-il pas une échappatoire ? Justement, une loi de 2007[1] permet à un fonctionnaire d'obtenir un an de disponibilité pour création d'entreprise. Ni une ni deux, il dépose aux greffes les statuts d'une société au capital de 2000 euros. Quand ? Le 9 mars 2012, soit dix jours après l'échéance... Heureusement, il file au Conseil d'État et obtient par arrêté un nouveau placement en disponibilité. La société en question s'appelle LBI Paris. Elle est censée faire de la formation pour adultes. Selon le registre du commerce, son activité n'a pas l'air de démarrer. Pourtant, au bout d'un an, Bernard Spitz demande une nouvelle mise en disponibilité. Qu'il obtient, en février 2013.

À l'échéance, en février 2014, Bernard Spitz est désemparé. Il ne veut toujours pas quitter son cher Conseil d'État. Ni, qui sait, les avantages qui y sont attachés. Il ne peut plus obtenir de mise en disponibilité, deux ans pour la création d'entreprise c'était le maximum. Alors, l'audace souriant aux audacieux, il tente le coup et demande un détachement pour diriger sa société de formation ! Tout en restant, bien sûr, président de la FFA et patron de son prospère cabinet de conseil ! Mais, drame épouvantable, « ce détachement n'a pas paru juridiquement possible[2] », explique le Conseil d'État. Alors, la mort dans l'âme, Bernard Spitz « a présenté sa démission[3] ». Et a – enfin ! – été rayé des cadres

1. Loi du 2 février 2007.
2. E-mail du Conseil d'État à l'auteur le 26 octobre 2017.
3. *Ibid.*

le 1er mars 2014. Il[1] a dissous LBI France quelques semaines après[2]. Mais notre État lui apportera une consolation : deux ans plus tard[3], le ministre de l'Économie, Emmanuel Macron, lui remettra l'insigne d'officier de la Légion d'honneur.

Pourtant dans son livre de campagne, *Révolution*[4], publié quelques mois plus tard, le futur président écrira : « L'appartenance à un corps, le droit au retour, sont des protections qui ne correspondent plus ni à l'époque, ni aux pratiques du reste de la société. » Ses collègues en politique voient les choses bien différemment...

---

1. L'auteur a demandé à M. Spitz de donner sa version des faits, mais ce dernier n'a pas donné suite à ses deux demandes, e-mail et SMS du 7 novembre 2017.
2. Nomination d'un liquidateur de LBI France, le 18 août 2014. Source : societe.com.
3. Le 10 juillet 2016.
4. XO éditions, *op. cit.*

11

La politique sans risque

30 août 2016, coups de théâtre. Emmanuel Macron démissionne du ministère de l'Économie. Le jour même, l'autre enfant chéri du chiraquisme Renaud Dutreil sort du bois et le soutient publiquement. Il est la première personnalité de droite à le rallier. Pour prouver son appartenance au «nouveau monde», il déclare : «Je suis devenu un entrepreneur. C'est ma vie actuelle et je n'en souhaite aucune autre[1].» Le futur président se réjouit d'un tel renfort. Renaud Dutreil, assure-t-il, est «quelqu'un de différent du vieux système». La bonne blague.

Nouveau Monde, vieux privilèges

Quand il rejoint Emmanuel Macron, cela fait huit ans que Renaud Dutreil a, dit-il, rompu «avec les habitudes de la vie politique française[2]». En 2008, après une belle carrière au gouvernement[3] et au Parlement, il a

1. Interview dans *L'Opinion*, le 30 août 2016.
2. «Pourquoi je quitte la vie politique», *Le Monde* du 4 août 2008.
3. Il a notamment été ministre de la Fonction publique et de la Réforme de l'État, entre 2004 et 2005.

démissionné de son mandat de député et pris la direction de la filiale américaine du géant du luxe LVMH. Pari raté : à son échéance en 2012, son contrat n'est pas renouvelé. L'« entrepreneur » réapparaît en novembre 2014 quand il se porte acquéreur d'une société d'eau en bouteille. Il redonne signe de vie un an plus tard : on le retrouve dans un cabinet conseil, FTI Consulting. Le nouveau monde, oui. Mais avec les vieux privilèges.

Car, sorti deuxième de l'ENA en 1989, Renaud Dutreil est aussi membre du Conseil d'État. Il n'y a travaillé que quatre ans, de 1989 à 1993, avant de devenir député, ministre puis homme d'affaires. Pourtant, pendant un quart de siècle, ce haut fonctionnaire s'est toujours débrouillé pour ne jamais être exclu de ce corps prestigieux. Pouvoir revenir bien au chaud au Palais-Royal est un luxe dont un « entrepreneur », même macronien, ne voudrait se priver. Une habitude chère à nos hauts fonctionnaires-hommes politiques avec laquelle, à la vérité, il n'a jamais rompu.

Les cachotteries de Renaud Dutreil

Tant qu'il était député puis ministre, Renaud Dutreil était en détachement du Conseil d'État, c'était la loi[1] à l'époque. Autrement dit, il continuait d'accumuler des points de retraite de la fonction publique et sa carrière

1. Celle-ci a changé par la loi du 11 octobre 2013 relative à la transparence de la vie publique. Les parlementaires fonctionnaires sont désormais en disponibilité jusqu'à la fin de leur mandat. Ils retrouvent ensuite leur statut précédent.

administrative progressait à l'ancienneté. En 2008, quand il claque la porte du « vieux monde » avec fracas pour entrer chez LVMH, il ne démissionne pas pour autant du Conseil d'État. Au contraire : il prend soin, au même moment, de demander sa mise en disponibilité. Ce qui suspend la progression des points de retraite et son avancement, mais lui laisse la possibilité, à tout moment, de redevenir haut fonctionnaire. Une corde de rappel qui rend le saut dans l'entreprenariat – et ses risques – bien moins périlleux... L'administration lui accorde trois ans. Rebelote en septembre 2011 pour trois ans encore. Et en 2014[1] pour deux ans cette fois. En août 2016[2], alors même qu'il déclare sa flamme à Emmanuel Macron et jure « ne souhaiter aucune autre vie » que celle d'« entrepreneur », Renaud Dutreil redemande une fois encore une disponibilité. Et devinez quoi ? Elle lui est accordée jusqu'en septembre 2018. Quel veinard !

« Je vais démissionner[3] », promet-il en octobre 2017 quand je l'interroge à l'improviste sur son statut vis-à-vis du Conseil d'État. La suite de la discussion téléphonique révèle bien le double langage de ces intouchables pris la main dans le pot de confiture :

« Quand exactement allez-vous démissionner ?

— En janvier 2018.

— Pourquoi cette décision soudaine ?

— Pour être honnête, je n'ai encore rien mis en route. Mais je suis partisan des ruptures franches.

1. Arrêté du 25 septembre 2014.
2. Arrêté du 5 août 2016.
3. Entretien téléphonique avec l'auteur, le 26 octobre 2017.

— Franches ? Au bout de dix ans ?

— Oui.

— Ça tombe bien : vous devez, de toute façon, abandonner votre statut de fonctionnaire puisque vous avez atteint le quota de mise en disponibilité qui est justement de dix ans...

— Ah, bon, je n'avais pas calculé. Et puis je ne connaissais pas cette durée limite.

— Vous avez été ministre de la Fonction publique, n'est-ce pas ?

— Oui et alors ?

— Et vous l'ignoriez ?

— Je n'ai pas suivi cela dans tous les détails.

— Pourtant, durant ces dix ans, vous n'avez jamais oublié de demander une mise en disponibilité.

— C'était mon droit et un choix personnel.

— Tout à fait. Mais pourquoi, au fait, n'avez-vous pas démissionné avant ?

— Je suis très attaché au Conseil d'État, une famille, c'était affectif, sentimental.

— Pourtant vous n'y avez travaillé que quatre ans, il y a un quart de siècle.

— N'empêche. C'était mon droit. Et c'était sentimental... »

Les petites astuces d'Alain Juppé

Ah, ces hommes politiques hauts fonctionnaires ! Qu'est-ce qu'ils sont sentimentaux ! Surtout quand leur confort est en jeu. Ils veulent tout : le pouvoir grisant mais éphémère des ministres, l'argent des patrons et les privilèges à vie des grands corps. Cela n'est pas nouveau. Pendant des décennies ces intouchables – y compris les plus prestigieux – ont joué avec leur statut administratif au gré de leurs intérêts.

Prenez Alain Juppé. Oui, même Alain Juppé, aujourd'hui statue du commandeur de la politique française. En novembre 2002, il est élu président du nouveau parti chiraquien, l'UMP, juste après Renaud Dutreil... Il a 57 ans et demi. Il décide de liquider ses droits à la retraite d'inspecteur des Finances. Cela fait 38 ans qu'il cotise, alors que, de fait, il n'en a travaillé que quatre à l'inspection, de 1972 à 1976. Il pourrait attendre et toucher une pension plus confortable. Seulement voilà : il a fait ses calculs.

Alors que ses revenus issus de ses divers mandats locaux – député, maire de Bordeaux, président de l'agglomération – sont plafonnés à 7 800 euros, il a le droit de les cumuler avec une pension de retraite. Celle-ci s'élève à 3 654 euros par mois. Il va donc empocher tout de suite un total de 11 454 euros par mois. Évidemment, l'affaire, révélée par *Le Canard enchaîné*[1], fait désordre alors que le gouvernement Raffarin envisage une réforme sévère de la retraite des fonctionnaires...

Reconnaissons tout de même que le « meilleur d'entre nous » aura un sursaut civique : quand, dix ans plus tard, il deviendra ministre des Affaires étrangères de Nicolas Sarkozy, il demandera que le versement de sa pension soit suspendu.

1. *Le Canard enchaîné* du 15 janvier 2003.

Quand Fabius, Villepin, Balladur tendaient la sébile

Hasard de l'Histoire ou symbole parfait de ces mœurs qui transcendent les partis : au Quai d'Orsay, Alain Juppé sera remplacé par Laurent Fabius, son miroir à gauche. Lui aussi a liquidé très jeune ses droits à la retraite de son corps d'origine, le Conseil d'État. C'était en 2001. Il a alors 55 ans seulement. Et est encore ministre de l'Économie et des Finances, avec le salaire qui va avec.

Un autre patron du Quai d'Orsay, également ancien chef du gouvernement, a, quant à lui, profité en douce d'une disposition particulière pour futurs retraités.

En septembre 2013, Dominique de Villepin a 59 ans et le grade de ministre plénipotentiaire hors classe. Ayant travaillé plus de trente ans au Quai d'Orsay, il a droit à la prime de fin d'activité qui vient d'être instituée. Elle permet de délester le ministère des diplomates en surnombre. Pas à nourrir le compte en banque d'un ancien ministre devenu consultant de luxe.

Pourtant, l'homme du discours de l'ONU va tendre la sébile. « Bonne fille, l'administration lui a signé un chèque de 88 000 euros, alors que le patrimoine du sémillant DDV s'élève à plusieurs millions et qu'il n'est plus diplomate depuis... 1995[1]. » Il n'y a pas de petits profits.

1. *La Face cachée du Quai d'Orsay*, *op. cit.*

On notera que le conseiller d'État Edouard Balladur a liquidé sa retraite au même âge, 59 ans. C'était en 1988, bien avant qu'il ne devienne Premier ministre. Belle carrière pour un retraité ! À l'époque, cette décision était passée totalement inaperçue.

Le premier pas de Bruno Le Maire

Aujourd'hui, l'atmosphère a radicalement changé. Désormais, ces privilèges exaspèrent les Français. Certains hommes politiques l'ont compris et ont démissionné de la fonction publique, sans attendre la retraite. L'énarque Bruno Le Maire est le premier. En octobre 2012, il renonce à son statut de diplomate. « Il faut en finir avec cette logique de caste. On ne peut pas demander aux plus fragiles de prendre des risques, explique-t-il, et en même temps maintenir une sécurité totale pour ceux qui sont les mieux placés dans la société[1]. » Une décision novatrice qui aurait fait frémir de contentement un vénérable ancien, décédé dix ans plus tôt.

Inspecteur des Finances depuis 1936, le résistant François Bloch-Lainé a été, sous de Gaulle puis Mitterrand, l'un des commis de l'État les plus admirés. Dans son dernier livre publié en 1995, il plaidait ardemment pour que la France adopte une mesure en vigueur en Suisse et au Royaume-Uni : « L'obligation pour tout fonctionnaire qui se fait élire de renoncer à un retour de plein droit dans la fonction publique, après un abandon

1. Entretien au *Monde*, le 3 octobre 2012.

voulu ou subi de la carrière politique[1]. » Bruno Le Maire fait le premier pas dans ce sens. Il est suivi par une poignée.

En mars 2015, la polytechnicienne Nathalie Kosciusko-Morizet, candidate à la primaire de droite, demande à être rayée du corps des ingénieurs des Ponts[2]. « J'ai pris ce risque, dit-elle, pour un souci d'équité vis-à-vis de ceux qui viennent du privé. »

En novembre 2015, pendant la campagne pour la présidence de la région Île-de-France, Valérie Pécresse renonce, elle, au Conseil d'État[3]. « Les Français ne supportent plus que les politiques se présentent devant eux avec des privilèges et notamment avec celui de pouvoir revenir dans la haute administration, même battus », déclare-t-elle.

Enfin, comme chacun sait, Emmanuel Macron quitte l'inspection des Finances[4], le 16 novembre 2016, le jour de l'annonce de sa candidature. « Je souhaite être cohérent avec le discours de prise de risque et de responsabilité que je porte pour le reste de la société[5] », explique-t-il.

1. *Ce que je crois*, Grasset, 1995.
2. Décret du 15 mars 2015.
3. Décret du 28 décembre 2015.
4. Décret du 1er décembre 2016.
5. *Révolution*, *op. cit.*

Édouard Philippe s'accroche...

Mais d'autres s'accrochent à la fonction publique comme un arapède à son rocher. Et non des moindres. À commencer par le Premier ministre d'Emmanuel Macron justement, Édouard Philippe. Encore un juppéiste... Après l'ENA, il entre en 1997 au Conseil d'État. Il y passera cinq ans... pour ne plus y revenir.

Il demande une première fois à être mis en disponibilité en 2002 pour exercer sa fonction d'adjoint au maire du Havre. En avril 2005, il renouvelle sa requête : cette fois c'est pour devenir avocat dans le cabinet d'affaires américain Debevoise et Plimpton. En 2007, il obtient le statut plus favorable de détaché, puisque son nouvel employeur, Areva, est une compagnie publique. Il y reste lorsque, trois ans plus tard, il devient maire du Havre. Même chose en 2012 après son élection à l'Assemblée nationale. Il est remis en disponibilité dès qu'il devient Premier ministre en mai 2017 : depuis la loi de 2013 sur la transparence de la vie publique, les membres du gouvernement ne peuvent plus être placés dans le statut plus favorable de détachement. Le coup est dur. Mais cela fait tout de même quinze ans que Philippe n'a pas mis les pieds au Palais-Royal.

Aux dernières nouvelles, et malgré les exemples du président de la République et de son ministre de l'Économie, Bruno Le Maire, Édouard Philippe n'a aucune intention de quitter son corps d'origine. L'un de ses illustres prédécesseurs, Léon Blum, lui, n'a pas hésité une seconde : dès qu'il a été élu député, en 1919, le futur chef du Front populaire a démissionné du Conseil d'État. Comme une évidence...

Les tergiversations de Laurent Wauquiez

Un autre homme politique d'importance issu du Conseil d'État se contrefiche, lui aussi, de l'exemple de Léon Blum. Il s'agit du patron des Républicains. Laurent Wauquiez sort de l'ENA en 2001, quatre ans après Édouard Philippe. Major, il choisit la prestigieuse maison du Palais-Royal et y accomplit trois ans comme auditeur. Puis il est promu maître des requêtes, une fonction qu'il n'occupera que deux mois. À partir de juin 2004, il ne travaillera jamais plus, lui non plus, dans son ancienne maison.

Il est élu député de Haute-Loire et mis d'office en détachement. Député, président de région... il reste treize ans dans ce même statut qui lui permet d'accumuler des points de retraite et son ancienneté. En juin 2017, il n'est plus député. Mais il demeure président d'Auvergne-Rhône-Alpes. Va-t-il suivre l'exemple de ses camarades NKM et Pécresse et rompre, enfin, avec la fonction publique ? Que nenni.

Le 4 septembre 2017, Laurent Wauquiez demande et obtient un nouveau détachement jusqu'en 2022. C'est légal : la loi d'octobre 2013 ne s'applique qu'aux parlementaires et aux ministres, pas aux chefs des exécutifs locaux. Mais, quand le magazine *Lyon Capitale*[1] révèle

1. *Lyon Capitale* du 13 septembre 2017.

cette démarche effectuée discrètement, le scandale éclate. Le conseiller d'État n'a-t-il pas souvent dénoncé le prétendu « cancer de l'assistanat » ?

Son masque de Tartuffe tombé, Laurent Wauquiez se défend comme un haut fonctionnaire : il se retranche derrière les textes. « Je n'ai rien cherché à cacher puisque ma situation a même été publiée au *Journal officiel* », tente-t-il de se justifier. La tempête médiatique prend de l'ampleur. En campagne pour la présidence des Républicains, il comprend qu'il doit céder. Mais il ne renonce pas pour autant à son filet de sécurité.

Le 20 septembre 2017, après avoir reconnu « une erreur », il demande que son détachement du Conseil d'État soit remplacé par une simple mise en disponibilité. Pourquoi ne démissionne-t-il pas ? « J'ai 42 ans, je n'ai aucune intention de faire de la politique toute ma vie et je ne veux pas dépendre de mes mandats », explique-t-il. Ne peut-il pas imaginer faire comme le commun des mortels : chercher un emploi ? Non, au cas où il serait battu, l'intouchable Wauquiez reviendrait au Conseil d'État toucher son salaire de maître des requêtes.

Guillaume Larrivé veut tout, tout de suite

Un autre jeune ténor de la droite s'obstine. Guillaume Larrivé est sorti de l'ENA un an après Laurent Wauquiez. Au Conseil d'État lui aussi. Après les trois ans réglementaires, il quitte l'institution du Palais-Royal... pour ne plus y revenir. De 2005 à 2012, il devient le conseiller juridique de la Sarkozie. Il est de tous les cabinets Hortefeux avant de rejoindre Nicolas Sarkozy à l'Élysée. En juin 2012, il est élu député de l'Yonne et sera réélu en 2017. Malgré ces douze ans d'absence, il n'entend aucunement démissionner du Conseil d'État. Mieux, il s'inscrit à la commission des lois de l'Assemblée. Il discute donc de textes qui seront tous analysés par l'institution dont il est toujours membre !

Plus fort, le 18 septembre 2013, il prête serment à Paris pour être avocat. Il n'a pas eu à attendre : un conseiller d'État est dispensé d'examen. Pourquoi cette envie soudaine et pressante ? La veille, le 17 septembre, les députés ont adopté une loi interdisant à tout parlementaire de commencer une activité professionnelle qui n'était pas la sienne en début de mandat. Guillaume Larrivé n'entend renoncer à rien : ni à la députation, ni au statut de haut fonctionnaire, ni aux honoraires du privé.

Quand on lui fait remarquer que la législature a commencé depuis plus d'un an et qu'il ne peut donc pas commencer une nouvelle activité, il rétorque : « C'est mon métier depuis toujours. Je l'ai exercé au Conseil d'État, au ministère de l'Intérieur et à l'Élysée. » Tollé dans sa circonscription. Finalement, il renonce et demande à être omis du barreau... Évidemment, Guillaume Larrivé soutiendra son confrère Laurent Wauquiez dans sa conquête très droitière de la présidence des Républicains.

Au Front national aussi, on aime le confort de la haute fonction publique. Prenez l'ex-directeur de cabinet de

Marine Le Pen, Philippe Martel, énarque de la même promotion que Jean-Marie Messier. Il est membre du contrôle général du ministère des Finances, un placard doré pour les hauts fonctionnaires de Bercy. Mais c'est à l'Inspection générale de l'administration (IGA), un corps du ministère de l'Intérieur, que les « FNarques » sont les plus nombreux. Le mégrétiste Jean-Yves Le Gallou, qui n'appartient plus au FN mais continue de conseiller les Le Pen, le reconnaît aisément : « À ma sortie de l'École, j'ai intégré l'IGA où, c'est vrai, on dispose d'une grande liberté et d'où l'on peut mener discrètement une carrière politique. C'est Yvan Blot, sorti une année avant moi, qui m'a conseillé de faire ce choix, comme lui. Florian Philippot a suivi la même voie[1]. » Aujourd'hui en disponibilité, l'ancien vice-président du FN, inspecteur de deuxième classe, n'a toujours pas démissionné.

À gauche, on ne renonce pas plus à la corde de rappel. Marisol Touraine n'a pas fait l'ENA. Mais François Mitterrand l'a nommée en juin 1991 au Conseil d'État au « tour extérieur ». Elle y travaille quelque temps. Puis, en même temps que Renaud Dutreil, elle en est détachée en 1997 après sa victoire aux élections législatives. Elle y revient en 2002 après sa défaite. Puis en est de nouveau détachée pendant dix ans, de 2007, année de sa réélection, à juin 2017, quand elle quitte le gouvernement. Elle est officiellement réintégrée le 18 août 2017.

1. Dans *L'Obs* du 4 février 2017.

Son jeune collègue du gouvernement Matthias Fekl fait de même. Dernier ministre de l'Intérieur de François Hollande, cet énarque est retourné, en septembre 2017, au tribunal de Montreuil, son port d'attache administratif. Une halte avant de rejoindre, début 2018, le cabinet d'avocats d'affaires, KGA, département « Droit public » évidemment. Tout en demeurant membre de la direction collégiale du Parti socialiste...

Les « Senghoriens » de l'Assemblée

Et la ronde continue. En juin 2017, plusieurs hauts fonctionnaires ont été élus, ou réélus, députés. Certains sont issus de la promotion d'Emmanuel Macron à l'ENA, la fameuse « Senghor ». À droite, le LR Julien Aubert ; au centre, Olivier Becht ; à gauche, le socialiste Boris Vallaud, mari de Najat Vallaud-Belkacem. Un seul a été élu sous la bannière La République en marche (LREM) : Romain Grau, avocat fiscaliste. À la différence de leur camarade Macron, aucun d'eux n'a démissionné de la fonction publique. Pas plus d'ailleurs qu'un autre « Senghorien » entré juste quelques semaines en politique, sous les couleurs du parti macronien : Gaspard Gantzer, conseiller presse de François Hollande à l'Élysée, qui a échoué à se faire parachuter en Bretagne. Et a, ensuite, créé l'agence de communication 2017 avec deux amis, Denis Pingaud et Roman Abreu.

L'ancien patron de Gaspard Gantzer, François Hollande, avait un rapport étrange aux grands corps. Au sien en particulier, si l'on ose dire : la Cour des comptes.

Bien classé à la sortie de l'ENA, il aurait pu choisir l'inspection des Finances, plus prestigieuse. Mais il laisse la place à son ami Jean-Pierre Jouyet, fou de bonheur, qui deviendra son futur secrétaire général à l'Élysée. François Hollande préfère la plus modeste maison de la rue Cambon[1] où l'on a le temps de faire de la politique...

De fait, en 1988, il est élu pour la première fois député. À la télévision, il se livre à cette drôle de confession : « Si je n'étais plus député, je redeviendrais conseiller référendaire à la Cour des comptes. Cela veut dire que si je ne faisais absolument rien à la Cour des comptes, je continuerais à toucher 15 000 francs par mois, 25 000 si je faisais des rapports sans forcément en faire énormément. Je pourrais doser mon travail, rester chez moi si je suis fatigué, aller dans mon bureau à la Cour des comptes pour passer des coups de téléphone... Bref, je serais totalement libre, je serais un vrai privilégié comme je l'étais avant d'être élu député[2]. » Heureusement pour lui, son calvaire de député ne durera pas longtemps.

Hollande, avocat en disponibilité

Après sa défaite aux législatives de juin 1993, il retourne penaud à la Cour où il est promu[3] conseiller

1. Siège de la Cour des comptes.
2. Archive diffusée par le magazine de France 3, « Pièces à conviction », du 21 septembre 2016.
3. Arrêté du 13 juillet 1993.

référendaire de 1re classe. Il se rend au bureau de temps à autre, pousse des crayons, passe effectivement beaucoup de coups de fil. Mais ne rédige pas beaucoup de rapports. Le patron des lieux, Pierre Joxe, s'agace. Il explose quand François Hollande devient, en octobre 1995, porte-parole du Parti socialiste. Il lui demande, ou ordonne plutôt, de se mettre en disponibilité. François Hollande s'exécute. Il profite d'une nouvelle loi pour devenir avocat sans passer d'examen[1]. Et un an plus tard, le 1er novembre 1996, le voilà officiellement intégré au cabinet de son ami Jean-Pierre Mignard[2].

En juin 1997, il retrouve son siège de député et est remis d'office en détachement de la Cour des comptes. Il conservera ce statut vingt ans, jusqu'à son départ de l'Élysée en mai 2017, quand il demandera à faire valoir ses droits à la retraite de la rue Cambon[3]. Malgré une assiduité au mieux intermittente, il touchera 3473 euros nets par mois de pension d'ancien conseiller référendaire[4].

La vengeance de la Cour des comptes

Bon camarade, il souhaite que ses amis en profitent. En décembre 2016, il nomme à la Cour des comptes son conseiller politique à l'Élysée, Vincent Feltesse.

1. Voir le chapitre « La République des avocats d'affaires », p. 126.
2. Arrêté du 15 janvier 1997.
3. Arrêté du 11 mai 2017.
4. Sur un total de 15000 euros en incluant la retraite d'ancien président (5184 euros) et d'ex-député (6208 euros).

C'est un lot de consolation pour ce collaborateur qui n'a pas obtenu d'investiture pour les législatives à venir. Un pot de départ est organisé au Palais, le 24 février 2017.

Le discours du chef de l'État est rapporté par *Le Figaro* quelques jours plus tard. « Je connais bien cette institution [la Cour des comptes], plaisante-t-il. Je l'ai choisie après l'ENA pour pouvoir trouver le temps de faire parallèlement de la politique... D'ailleurs, les membres sont deux par bureau, pour que chaque personne puisse vérifier que l'autre n'est pas en train de dormir[1]. » De fait, rapporte *Le Figaro*, « juste après son arrivée à la Cour des comptes, Vincent Feltesse a envoyé une carte de vœux à tous les parlementaires socialistes avec cette mention qui fait jaser, même rue de Solférino : "En espérant avoir le plaisir de nouveaux échanges, sur Paris, sur Bordeaux où je vais être plus présent." »

Cet épisode qui fait grand bruit n'empêche pas François Hollande de recaser deux autres personnalités politiques à la Cour des comptes : Guillaume Lacroix, vice-président des Radicaux de gauche, et la villepiniste Brigitte Girardin, ancienne ministre, qui a eu le bon goût d'appeler à voter contre Nicolas Sarkozy en 2012. Ce n'est pas tout.

En février 2017, il bombarde conseiller maître, un des grades les plus élevés, le directeur de cabinet de Marisol Touraine, le jeune Étienne Champion, un « Senghorien » lui aussi. Fait exceptionnel, le patron de la Cour des comptes donne un avis négatif à cette promotion. Quelques mois après, il explique, toujours en

1. *Le Figaro* du 14 mars 2017.

colère : « Je ne vois pas en quoi ce garçon avait fait une telle carrière qu'il pouvait passer devant ses camarades de promotion sortis directement à la Cour et qui n'ont pas encore atteint ce grade de conseiller maître[1]. »

François Hollande passe outre à cet avis consultatif. Même Jacques Chirac n'avait pas osé. En 1997, il voulait recycler un conseiller du Premier ministre Juppé, Patrick Stefanini, à la Cour. Or le président de l'époque, Pierre Joxe, a dit « niet ». L'Élysée a reculé. Mais, à la place, l'a nommé au Conseil d'État. Vingt ans plus tard, le même Stefanini deviendra directeur de campagne de François Fillon à l'élection présidentielle...

Le 20 mars 2017, François Hollande écrira une lettre à Didier Migaud : « Soyez convaincu que j'ai pour la Cour des comptes le plus grand respect. Je m'honore d'en être membre depuis ma sortie de l'ENA en 1980. Je sais l'importance et le dévouement des magistrats qui composent cette grande institution de la République. » Mais apparemment le mal est fait. Le 29 juin 2017, juste après l'élection d'Emmanuel Macron, la Cour des comptes publiera un audit assassin du dernier budget présenté par l'équipe Hollande, qu'elle taxe d'« insincère ». Une vengeance ?

1. Entretien de Didier Migaud avec l'auteur, le 16 octobre 2017.

12

Affaires publiques... Très privées

Ils pullulent comme les champignons après la pluie. Depuis quelques années, il suffit de soulever l'organigramme d'un grand groupe pour trouver, vers le sommet de la hiérarchie, un directeur des Affaires publiques. On dit aussi « secrétaire général ». Un poste que l'on confie le plus souvent à un haut fonctionnaire ou à un ancien membre de cabinet ministériel. Il sert à quoi ? À régler les questions qui préoccupent le public, tout le monde ? Non, à influencer l'État, les pouvoirs dits publics. Dans quel sens ? Celui des affaires, pardi ! Des bonnes affaires.

Il en pousse tous les quatre matins parce que l'univers réglementaire est chaque jour plus complexe. Il faut anticiper les nouvelles lois, scruter les décrets en préparation. Tenter de les faire modifier dans le bon sens. Discutailler avec les députés, les hauts fonctionnaires, les présidents d'autorités de régulation. Bref, faire bénéficier son employeur privé de son réseau dans l'État. Certains secteurs sont particulièrement demandeurs. Les plus régulés évidemment.

Un job en or

Prenez l'immobilier. Et Benjamin Griveaux. C'est un baron de la Macronie. Pendant la campagne présidentielle, il a été le porte-parole d'En marche !. À peine élu député en juin 2017, il est nommé secrétaire d'État auprès du ministre de l'Économie, Bruno Le Maire. Il est l'œil de l'Élysée. Un homme de confiance, aujourd'hui porte-parole du gouvernement Philippe. Il connaît le monde politico-administratif comme sa poche. Il a été un jeune conseiller de Dominique Strauss-Kahn. Puis il a passé deux ans au cabinet de Marisol Touraine, la ministre de la Santé de François Hollande. Et voilà qu'en septembre 2014 il entre chez Unibail-Rodamco comme directeur des Affaires publiques. Il y restera jusqu'en octobre 2016 avant de prendre ses fonctions chez En marche !. Il est peu loquace sur ces deux ans chez Unibail.

Le groupe Unibail-Rodamco n'est pas très connu du grand public. Pourtant c'est un géant de l'immobilier commercial. Le numéro un en Europe. Il possède douze centres commerciaux en France, dont le Forum des Halles, le Carrousel du Louvre et Vélizy 2. Et il en construit d'autres. Il a aussi le monopole des espaces de congrès en Île-de-France, celui de la porte de Versailles par exemple. Bref, une superbe affaire. Avec un tendon d'Achille.

« Cette société a impérativement besoin d'un directeur des Affaires publiques pour s'assurer du maintien de son statut fiscal très particulier, dévoile un ancien dirigeant de l'entreprise. C'est une foncière, une société immobilière d'investissement cotée. Ses investissements très lourds produisent des bénéfices au bout de plusieurs années. L'État a ainsi accepté qu'aucune foncière ne paye d'impôt sur les sociétés[1]. Mais les dirigeants d'Unibail redoutent sans cesse qu'à la recherche de nouvelles recettes Bercy ne décide de remettre en cause ce système qui prévaut ailleurs en Europe[2]. »

Voilà donc à quoi devait servir chez Unibail le futur homme de confiance d'Emmanuel Macron, Benjamin Griveaux : à contrôler que personne au ministère des Finances ou au Parlement ne propose d'abolir cette niche. Pour assurer cette veille et faire ce lobbying, Benjamin Griveaux a touché un salaire de 174 881 euros nets de janvier à octobre 2016[3], soit 17 000 euros nets par mois. Une bonne paye. Mais si peu par rapport aux 40 milliards d'actifs du groupe immobilier. Fin 2016, il a été remplacé par un jeune inspecteur des Finances, Pierre Hausswalt. Dont l'homologue chez Klépierre, le numéro deux du secteur, est un conseiller maître à la Cour des comptes. Deux membres des grands corps pour contrer toute initiative malheureuse de Bercy...

1. En revanche, une telle foncière doit verser plus de 90 % de ses bénéfices à ses actionnaires qui, eux, payent un impôt sur les dividendes.

2. Entretien avec l'auteur, le 22 décembre 2016.

3. Déclaration de M. Griveaux à la Haute Autorité pour la transparence de la vie publique.

De Fabius à Carrefour !

La grande distribution a les mêmes soucis. De la construction d'un supermarché à la vente aux consommateurs... leur activité est très régulée. Voici donc Carrefour. Et voici Laurent Vallée, l'un des hauts fonctionnaires les plus prometteurs, ami d'Édouard Philippe. Ce quadra, très grand, chauve, aux yeux clairs, bouscule les codes de la noblesse d'État. Il détient le record des allers et retours public-privé. Mais toujours le privé régulé.

Il sort de l'ENA en 1999. Il est cinquième, juste derrière son copain Alexandre Bompard, futur patron de la Fnac. Celui-ci choisit l'inspection des Finances. Lui préfère le Conseil d'État. Il s'y fait d'autres amis : Édouard Philippe donc, et Benoît Ribadeau-Dumas, qui deviendra son directeur de cabinet à Matignon. Laurent Vallée est brillant, sa carrière ultrarapide. Pendant deux ans, il travaille au secrétariat général du gouvernement. Il est conseiller constitutionnel. Un poste prestigieux. Qu'il quitte pour entrer dans un cabinet d'avocats d'affaires anglo-saxon, Clifford Chance. Il y fait du conseil fiscal. Ça tombe bien : au Conseil d'État, il travaillait notamment à la section du contentieux fiscal. Ça n'a eu l'air de ne gêner personne. La firme est installée à l'époque place Vendôme. Pratique : deux ans après, il n'a qu'à la traverser pour prendre la direction des Affaires civiles et du Sceau au ministère de la Justice. Autre poste prestigieux.

Il s'en va au bout de deux ans. Devient secrétaire général de Canal Plus. Où il remplace un autre conseiller d'État, Frédéric Mion, futur patron de Sciences Po[1]. Leur job à Canal : batailler avec le CSA, dirigé par un autre conseiller d'État. Puis Laurent Vallée revient encore dans l'administration, toujours comme secrétaire général mais d'une grande institution de la République : le Conseil constitutionnel. Il seconde son président, Laurent Fabius.

On l'imagine déjà grimper au sommet de la hiérarchie administrative : être nommé « SGG » en 2018 auprès de son copain Édouard Philippe. Mais deux ans plus tard, il repart. Son ami Bompard a quitté la Fnac. Il vient de prendre la direction de Carrefour. Un gros morceau. Il a besoin d'un secrétaire général de confiance. Qui va lui déminer tous les problèmes du groupe avec l'État. Laurent Vallée accepte. Sans démissionner de son corps, bien sûr.

Une conseillère d'État chez Casino

Dans le groupe concurrent, Casino, on trouve aussi une conseillère d'État auprès de son président Jean-Charles Naouri – inspecteur des Finances comme Alexandre Bompard. « Quand on a un contentieux au Conseil d'État sur un projet d'implantation d'un centre commercial, par exemple, on l'appelle, raconte un ancien dirigeant de Casino. On lui demande si le juge

1. Voir le chapitre « Fromages *et* desserts », p. 58.

qui va s'occuper du dossier est un fondu des problèmes environnementaux, ou s'il est plus sensible à la détermination des zones de chalandise ? C'est très utile[1]. » Cette conseillère d'État s'appelle Josseline de Clausade[2]. Depuis 2012, elle est en disponibilité de son corps d'origine qu'elle peut rejoindre quand bon lui semble. Cinq ans auparavant, elle était la rapporteure de la célèbre commission Attali sur la croissance. Son adjoint s'appelait Emmanuel Macron.

Certains conseillers d'État font profession de « secrétaire général » de grands groupes. Prenez Pierre Todorov[3]. Il a occupé ce poste chez Accor, puis chez PSA et enfin chez EDF, où il est encore. Didier Casas, lui, l'a été chez Dexia puis chez Bouygues Telecom où il travaille depuis 2011, sauf quatre mois de congés sans solde en 2017. De janvier à mai, il était dans l'équipe de campagne d'Emmanuel Macron. Puis il est revenu toujours pour s'occuper du lobbying du groupe de téléphonie mobile auprès des pouvoirs publics. Donc du nouveau pouvoir. Ses copains.

Inquiétante porosité...

Cette porosité entre le Conseil d'État et certaines entreprises privées pose de sérieuses questions. En 2012,

1. Entretien avec l'auteur, le 8 septembre 2017.
2. Contactée par l'auteur, Mme de Clausade n'a pas souhaité commenter les affirmations de cet ancien dirigeant du groupe Casino, e-mails du 17 et du 21 novembre 2017.
3. Il a été radié du Conseil d'État en 1996.

la sénatrice verte Leila Aïchi et l'association Robin des Bois dénoncent ce qu'ils jugent être des conflits d'intérêts au sein de la vénérable institution du Palais-Royal. En cause : ses décisions concernant l'implantation d'antennes-relais de téléphonie mobile.

L'année précédente, la juridiction administrative suprême a annulé les arrêtés de trois villes interdisant ces antennes. Selon elle, seul l'État est compétent pour règlementer ces implantations. Or le porte-parole de Robin des Bois note qu'au sein du Conseil d'État siègent, ou ont siégé, certains cadres dirigeants des opérateurs. Ce qui, dit-il, laisse subsister « certains doutes quant à l'impartialité des décisions rendues ». Pour ne pas dire des doutes certains.

Outre Didier Casas, secrétaire général de Bouygues Telecom, il est fait référence à son homologue chez SFR, le conseiller d'État Philippe Logak, dont il a déjà été question plus haut[1]. La sénatrice Leila Aïchi enfonce le clou : « Cette surreprésentation au sein des postes de secrétaires généraux d'opérateurs de téléphonie mobile est d'autant plus troublante que cette activité ne présente a priori aucun lien direct avec leur compétence. » La parlementaire demande au Conseil d'État « la justification de ces deux détachements et de leur apparente similarité ». L'institution répond que Didier Casas et Philippe Logak « sont en position administrative de disponibilité qui implique une rupture temporaire de tout lien avec leur corps d'origine ». Circulez, il n'y a rien à

1. Voir p. 133.

voir. Sauf que l'adjectif « temporaire » est particulièrement bien choisi.

Après avoir été secrétaire général de Thales, Philippe Logak est, comme on l'a vu, revenu au Conseil d'État. Où il est encore. Chez SFR, il a été remplacé par Olivier Henrard, conseiller culturel de Nicolas Sarkozy et, vous l'avez deviné, membre du Conseil d'État. Où il est revenu dès l'année suivante...

Inquiétant pantouflage chez Google

Il n'y a pas qu'eux. Secteur ultraréglementé, les télécoms adorent recruter des membres du Conseil d'État. Après sa sortie de l'ENA, en 2003, Yohann Bénard devient vite directeur adjoint de cabinet de Christine Lagarde, puis, hop-là, secrétaire général d'Alcatel-Lucent, l'un des leaders mondiaux des réseaux. Il y reste après son rachat par Nokia, puis revient au Conseil d'État en 2017. Un autre exemple ? Francis Donnat, lui, passe directement de la haute juridiction à la direction des Affaires publiques de Google. Une nomination que, selon *Le Monde*, la ministre de la Culture de l'époque, Fleur Pellerin, « a du mal à digérer[1] ». Ce qui n'empêche pas notre conseiller d'État d'être nommé en 2016 secrétaire général d'une entreprise publique : France Télévisions.

1. *Le Monde*, « Google Influences : le lobbying habile du géant d'Internet en France », 21 décembre 2012.

Le comble de la porosité entre la haute fonction publique et les télécoms est atteint en janvier 2017 quand Google désigne le successeur de Francis Donnat : il s'agit du polytechnicien Benoît Loutrel. L'affaire fait grand bruit dans le milieu. Pourquoi cet émoi ? C'est que l'impétrant était jusque-là directeur général de l'Arcep, le gendarme du secteur ! Son « débauchage constitue un important renfort pour l'ogre américain », écrit *La Tribune*[1], journal en ligne d'informations économiques et boursières qui n'est pas connu pour ses positions d'extrême gauche. Pour le géant de Mountain View ce recrutement très controversé arrive au meilleur moment. Depuis des mois, note *La Tribune*, on lui reprochait à la fois « ses stratagèmes pour éviter le fisc, d'aspirer trop de données personnelles, d'abuser de sa position dominante ou encore de faire pression pour éviter toute régulation ».

Le « pantouflage » de Benoît Loutrel met en rage une sénatrice qui dénonce « l'éthique bafouée » et « la souveraineté menacée ». « Des fonctions au service de l'intérêt général se télescopent sans aucun temps mort avec des intérêts personnels et des intérêts industriels », explique-t-elle dans un communiqué vengeur intitulé « Nous devons instaurer "un cordon sanitaire" entre les administrations publiques sensibles et les acteurs privés étrangers dominants ». Une parlementaire de la France insoumise ? Non, la présidente de la commission de la

1. *La Tribune*, « Polémique autour du départ du directeur général de l'Arcep », Pierre Manière, 18 janvier 2017. Benoît Loutrel quittera Google en novembre 2017.

culture et de la communication du Sénat, la très paisible Catherine Morin-Desailly. Elle est membre de l'UDI, le parti de centre droit...

L'industrie de la santé, elle aussi très régulée, a recours au même type de débauchages. Un exemple récent. Nicolas Bossard de Molin sort de l'ENA en 2003. Il commence comme chef du bureau de la couverture maladie universelle. Quatre ans plus tard, il est promu directeur adjoint du ministre du Travail et des Affaires sociales, Xavier Bertrand. Très vite, il est bombardé directeur de la stratégie d'Areva, où il a sous ses ordres un certain Édouard Philippe, puis il prend la tête des affaires publiques de Sanofi, le premier fabricant de médicaments en France.

Marc-David Seligman sort, lui, de l'ENA en 2005. Il devient chef de bureau à la direction de l'hospitalisation au ministère de la Santé. Puis, zou, après un passage à l'inspection générale des Affaires sociales, se retrouve, tenez-vous bien, patron des Affaires publiques du premier groupe de cliniques et d'hôpitaux privés, la Générale de santé !

Ces drôles de P-DG de Sotheby's et Christie's

Dans un marché très réglementé, les grands du secteur préfèrent parfois carrément nommer à leur tête des hauts fonctionnaires spécialisés. C'est le cas des sociétés de vente aux enchères. Guillaume Cerutti est un brillant inspecteur des Finances, sorti de l'ENA en 1991. À 30 ans, il est directeur général du centre Beaubourg.

En 2001, il écrit un rapport très remarqué sur la fiscalité de l'art et la protection des musées nationaux. Quand Jean-Jacques Aillagon, son président à Beaubourg, devient ministre de la Culture, il prend la direction de son cabinet. Tous les deux écrivent la loi sur le mécénat privé. Puis, en 2003, il file à la direction générale de la concurrence. D'où il est recruté en 2007 par le grand marchand d'art anglo-saxon Sotheby's, comme P-DG France.

« Les commissaires-priseurs forment une profession très particulière, explique l'un de ses collègues inspecteur des Finances, il faut connaître sur le bout des doigts les processus d'agrément et les lois sur les ventes d'œuvres françaises. Et puis, il faut avoir dans son carnet d'adresses de très riches collectionneurs. Vu son parcours dans l'administration, de Beaubourg à la direction de la concurrence et des fraudes, Guillaume était particulièrement bien placé pour faire la différence[1]... » De fait, il réussit à décrocher les ventes les plus prestigieuses. Celle de Fabius Frères, notamment, en 2011. Si bien que Sotheby's France passe très vite du quatrième rang du marché français au premier. Mais il voit plus grand.

Guillaume Cerutti veut convaincre les pouvoirs publics français de réformer le marché français de l'art afin que Paris puisse concurrencer Londres ou New York. Et que Sotheby's France prospère plus encore. C'est chose faite en 2011. Il n'a pas ménagé ses efforts en coulisses. « Je suis ravi d'avoir pu mettre mes

1. Entretien avec l'auteur, le 4 juin 2017.

modestes réseaux au service de la profession[1] », fanfaronne-t-il. Du coup, il est nommé patron de Sotheby's Europe.

Le concurrent, Christie's, adopte alors la même stratégie de recrutement : en 2012, il embauche Aline Sylla-Walbaum, comme directrice générale pour la France. Plus jeune que Guillaume Cerutti, cette énarque a suivi un parcours similaire dans l'État : inspectrice des Finances, administratrice du Louvre, elle a été conseillère culture du Premier ministre François Fillon. Petite différence, tout de même, elle a passé quelques mois comme directrice des affaires publiques d'Unibail, oui, le même géant de l'immobilier commercial où Benjamin Griveaux, le futur ministre d'Emmanuel Macron, fera escale deux ans plus tard[2].

Aujourd'hui nos deux inspecteurs des Finances concurrents travaillent ensemble : en 2015, Guillaume Cerutti a quitté Sotheby's pour Christie's dont il devient le P-DG en janvier 2017.

Concluons ce chapitre par un hasard qui n'en est pas un : Aline Sylla-Walbaum est une amie d'Alexandre Bompard et de Laurent Vallée, les deux inséparables de Carrefour dont nous parlions au début. Elle a fait l'ENA avec eux. D'où elle est sortie « dans la botte », comme eux. Ainsi va un certain capitalisme français.

---

1. Interview à *Challenges*, le 28 mars 2011.
2. Voir plus haut, p. 186.

13

Ces drôles de consultants

C'est la face la plus méconnue des intouchables. Les allers et retours entre l'État et des cabinets conseil en stratégie.

Écoutons Pascal Faure, il est l'un des principaux dirigeants du ministère de l'Économie. Depuis 2014, cet ingénieur des Mines est directeur général des entreprises. « Je fais souvent appel à de grands cabinets de stratégie comme Roland Berger ou McKinsey, explique-t-il dans son bureau au sixième étage de l'immeuble Colbert. Et il m'arrive régulièrement d'y retrouver des gens que j'ai connus ici à Bercy ! »

Les souvenirs tronqués de Karim Tadjeddine

Voici Karim Tadjeddine, quadragénaire polytechnicien du corps des Ponts. Un pur produit de Bercy, justement. Un proche d'Emmanuel Macron. Ce brillant ingénieur entre à la direction du Trésor en 2001. Deux ans plus tard, il collabore à la création de l'Agence des participations de l'État. Il y est chargé de l'ouverture du capital d'EDF. Un haut fonctionnaire très prometteur donc.

En 2006, le bureau parisien de McKinsey le repère et le recrute. La commission de déontologie lui interdit seulement de travailler avec EDF pendant trois ans. Le reste du secteur public lui est ouvert. Y compris son ancien ministère. Ça tombe bien : Bercy vient de décider de recourir massivement à des consultants privés. Heureux hasard.

Dix ans plus tard, Karim Tadjeddine est devenu un consultant très en vue. Il dirige le pôle « secteur public » de McKinsey France. Une branche qui rapporte un cinquième des recettes du cabinet. Beau succès. Comment a-t-il fait ? Après moult palabres, il accepte de prendre un café sur les Champs-Élysées, tout près de ses bureaux. Visage rond, voix posée, l'homme est d'apparence affable. Mais il est extrêmement méfiant. Il refuse de dévoiler[1] qui sont ses clients actuels ou passés au sein de l'État. Et même de donner quelques exemples de missions réussies. Étrange.

Il n'est pas plus loquace sur ses liens avec Emmanuel Macron. Oui, il le connaît depuis une décennie. En 2007, il avait été « prêté » par McKinsey à la commission Attali[2], dont le futur président était rapporteur adjoint. Oui, il a participé à sa campagne présidentielle. Mais pas de détails.

1. Entretien avec l'auteur, le 26 septembre 2017.
2. Du nom de son président Jacques Attali. « Commission pour la libération de la croissance française », chargée de fournir des recommandations et propositions pour relancer l'économie française.

Il ne veut pas revenir sur ses premières années à McKinsey. Le moment où les cabinets conseil en stratégie ont commencé à infiltrer l'État. C'est-à-dire pendant la très controversée Révision générale des politiques publiques, cette RGPP imposée par Nicolas Sarkozy dès son arrivée au pouvoir. Karim Tadjeddine a participé de près à cet épisode crucial. Il dit que c'est de l'histoire ancienne. Qui n'a plus d'importance. À voir...

Quand Éric Woerth faisait la fortune des consultants

C'est François-Daniel Migeon, dirigeant de McKinsey, qui, en 2006, débauche Karim Tadjeddine de Bercy. Un X-Ponts lui aussi. Un des premiers hauts fonctionnaires à faire de multiples va-et-vient entre État et conseil en stratégie. Au ministère de l'Équipement, il était, à la fin des années 90, le M. Construction d'autoroutes. Puis il entre une première fois chez McKinsey, où il passe cinq ans.

En 2004, il retourne dans l'administration. Il est appelé auprès du secrétaire d'État à la Fonction publique, Éric Woerth. Proche de Nicolas Sarkozy, cet HEC vient également du monde du conseil : il a longtemps travaillé dans de grands cabinets comme Arthur Andersen et Bossard. Il nomme François-Daniel Migeon délégué à la modernisation de la gestion publique. Celui-ci a juste le temps de s'installer. Six mois plus tard, Woerth est débarqué et Migeon revient chez McKinsey. Mais ne quitte pas la sphère publique. La Direction générale de la modernisation de l'État

(DGME) lui passe commande d'un audit de certaines administrations. Mais cette fois comme consultant privé.

McKinsey, chouchou de l'État...

Ses incessants allers et retours ne sont pas terminés. Un an après, en septembre 2007, François-Daniel Migeon revient à Bercy, auprès du même Éric Woerth. Le nouveau président, Nicolas Sarkozy, en a fait son ministre du Budget et il lui a confié la mise en œuvre de sa réforme phare, celle de la Révision générale des politiques publiques (RGPP).

Migeon est nommé à la tête de la DGME, l'organisme qui, quelques mois avant, lui a passé commande d'un audit quand il était encore chez McKinsey ! Conflit d'intérêts ? La question ne préoccupe personne. Pas Éric Woerth en tout cas qui, inspiré par la théorie anglo-saxonne du *New Public Management*, entend mener la grande réforme de l'État avec des consultants privés. McKinsey surtout. D'où vient aussi le directeur adjoint de son cabinet...

Juste avant que François-Daniel Migeon ne prenne la tête de la DGME, son prédécesseur a passé plusieurs appels d'offre de conseil en stratégie. Budget total : 70 millions d'euros. Et c'est McKinsey qui a raflé la part du lion : plus de la moitié, 39 millions ! En 2010, rebelote. Migeon assure qu'il n'a pas participé à la prise de décision, qu'il s'est « déporté », comme on dit.

Le député socialiste Christian Eckert a corédigé un rapport très sévère sur cette RGPP[1] qui a démembré l'État à la hussarde et engraissé des cabinets conseil. Avec son collègue de droite François Cornut-Gentille, il a vu, médusé, la multiplication des appels d'offre attribués à McKinsey. « On a parfois eu le sentiment qu'il y avait de l'opacité sur l'obtention de certains marchés, déclare-t-il[2]. Disons qu'avec le cabinet qui a obtenu plus que les autres, il semble qu'il y a eu plus que de la proximité. » Oui, il semble.

Favoritisme ou pas, cette consanguinité est une évidence : pendant les cinq ans où il a été le patron de la DGME, François-Daniel Migeon avait comme interlocuteur principal chez McKinsey son poulain, le très méfiant Karim Tadjeddine, X-Ponts lui aussi[3]. Autrement dit, client et fournisseur ont travaillé dans la même firme et étaient issus du même grand corps d'État ! Une situation qui ne doit rien au hasard. Elle est l'aboutissement d'une stratégie mûrement réfléchie : « Les grands cabinets ont compris que la meilleure façon de faire des affaires en France était de recruter au sein des grands corps d'État, confie un ancien du cabinet conseil. Car qui mieux qu'un X-Mines peut gagner la confiance d'un autre X-Mines ? Même chose pour les inspecteurs des Finances... »

---

1. « Rapport d'information sur l'évaluation de la Révision générale des politiques publiques », par François Cornut-Gentille et Christian Eckert, Assemblée nationale, 1er décembre 2011.

2. « Le conflit d'intérêts se logue au cœur de la réforme de l'État », Mediapart, Lucie Delaporte, 11 mars 2012.

3. Il sera radié du corps des Ponts en juillet 2017, à la fin de ses dix ans de disponibilité.

Marc Schwartz, consultant privé de l'État

Cette stratégie a porté ses fruits. Un membre important de l'actuelle équipe au pouvoir a travaillé, lui aussi, avec McKinsey. Rendez-vous un dimanche matin, sous les lambris de la République, dans un petit salon du ministère de la Culture, rue de Valois. C'est l'heure du brunch. Les petits sandwiches sont délicieux, les oranges fraîchement pressées. L'hôte, d'une courtoisie exquise. Lunettes rondes, barbe finement taillée, Marc Schwartz est confus, il n'a pu se dégager un autre jour. Depuis mai 2017, ce conseiller maître à la Cour des comptes est très occupé : il dirige le cabinet de Françoise Nyssen. C'est Emmanuel Macron qui l'a installé à ce poste. Pendant la campagne présidentielle, il avait rédigé sa plateforme culturelle. Une sorte de ministre *bis* donc.

Entre les canapés et les mignardises, Marc Schwartz raconte sa singulière carrière où alternent service de l'État et conseils privés à des organismes publics. « En 1999, je suis entré au cabinet de Dominique Strauss-Kahn, qui m'avait chargé de la réforme de l'État, raconte cet énarque de 54 ans en picorant dans une succulente salade de fruits. Puis je suis devenu directeur financier de France Télévisions quand Marc Tessier, un inspecteur des Finances, en était le patron. J'en suis parti avec lui en 2006. Pour tenter l'aventure du privé[1]. » Il monte alors un cabinet de consultant AS conseil.

1. Entretien avec l'auteur, le 17 septembre 2017.

« J'ai tout de suite décroché un gros contrat avec le patron de Météo France, confie-t-il. Ça rassure les dirigeants publics de travailler avec quelqu'un comme eux, un haut fonctionnaire. Alors j'ai eu d'autres clients dans l'État. » Quand la DGME de François-Daniel Migeon lance sa série d'appels d'offre, Marc Schwartz fait équipe avec McKinsey. « Mon interlocuteur était Karim Tadjeddine. Nous avons gagné plusieurs lots, notamment la réorganisation du ministère de la Recherche, raconte-t-il sans difficulté. Puis j'ai rejoint le cabinet Mazars comme responsable du pôle "secteur public". » Il rapporte des contrats. Son statut de conseiller maître à la Cour des comptes ouvre des portes visiblement. « Je ne peux le nier », convient-il.

Un exemple ? « Le ministère de l'Éducation nationale nous a commandé un plan de lutte contre le décrochage scolaire. » Curieuse requête de la part d'une administration qui compte des centaines de spécialistes sur le sujet ! En 2012, l'État fait aussi appel à lui, toujours en tant que consultant privé, dans une mission d'intérêt général : une médiation entre Google et les éditeurs de presse qui se plaignent d'être pillés par le géant californien. « Malgré ce qu'on a dit, ce contrat n'a rapporté que 50 000 euros à Mazars pour quatre mois de boulot », assure-t-il. *Le Canard enchaîné* du 6 mars 2013 évoque, lui, la somme de 450 000 euros...

Le réseau de la Cour des comptes

Après huit ans dans le privé, Marc Schwartz revient, en 2014, à la Cour des comptes. « J'avais besoin de faire le point, et c'est vrai qu'appartenir à un grand corps offre cette facilité », reconnaît-il. Il espère à ce moment-là se voir confier la direction d'un établissement public culturel. En vain. Alors il continue de conseiller l'État, mais, cette fois, en tant que fonctionnaire et non plus comme consultant... Vous suivez ?

Le gouvernement lui demande une feuille de route pour l'audiovisuel public. Puis la ministre de la Culture, Audrey Azoulay, membre de la Cour des comptes comme lui, le nomme médiateur du Livre. « À titre gratuit », précise-t-il. Il remplace Laurence Engel, originaire, elle aussi, de la Cour des comptes, qui va prendre la direction de la Bibliothèque nationale de France (BNF). Jusque-là, elle était directrice de cabinet de la ministre. Comme lui aujourd'hui auprès de Françoise Nyssen. Marc Schwartz peut donc espérer décrocher bientôt un grand poste culturel public. À moins que, fort de son nouveau carnet d'adresses, il ne rejoigne une fois encore le monde merveilleux du conseil en stratégie.

Cabinet allemand cherche inspecteurs des Finances

Pourquoi pas le cabinet allemand Roland Berger – prononcez Berguer –, un grand du secteur qui fait lui aussi son marché parmi les hauts fonctionnaires ?

En 2007, au début de la RGPP, la firme adopte la même stratégie que McKinsey. Elle jette son dévolu sur Jérôme Fehrenbach, un jeune inspecteur des Finances qui vient de quitter le cabinet du Premier ministre où il s'occupait, devinez de quoi ?, de la réforme de l'État. Évidemment, il est bombardé « responsable du secteur public ». Il décroche pas mal de marchés. Notamment un audit de ministères à mener conjointement avec l'inspection des Finances...

Roland Berger raffole de ce grand corps. En 2008, il lance une bouée de sauvetage à un inspecteur des Finances en perdition : Michel Bon, l'ancien patron de France Télécom. Il vient d'être condamné à 10 000 euros d'amendes par la cour de discipline budgétaire pour gestion « trop opaque » du groupe public qu'il avait laissé avec une perte de 20 milliards d'euros ! Peu importe, il connaît les coulisses de Bercy comme sa poche et ça peut aider. Il est nommé « *senior advisor* ».

En 2013, le cabinet allemand donne sa chance à un autre cabossé de la haute fonction publique : Christian Charpy, conseiller maître à la Cour des comptes, tout juste débarqué de la direction de Pôle emploi. Là encore, il s'agit d'ouvrir des portes dans l'administration, à Bercy surtout. Mais il ne reste qu'un an. En 2014, le gouvernement le reprend sous son aile et le nomme secrétaire général des comptes de la sécurité sociale.

Paul Hermelin, ami de Hollande et soutien de Macron

Et puis il y a Capgemini, le géant français du conseil en stratégie, notamment informatique. Au total, c'est lui le grand gagnant de l'ouverture de l'État aux consultants extérieurs. Il est de tous les plans pharaoniques, comme l'Opérateur national de paye (ONP), qui a coûté plus de 200 millions d'euros[1] et n'a jamais vu le jour !

Capgemini doit son succès à l'immense réseau de son patron, Paul Hermelin, ami intime de François Hollande. Les deux hommes se sont rencontrés à l'ENA.

Paul Hermelin compte beaucoup sur l'énarchie pour faire prospérer son groupe. Pendant plusieurs années, il s'appuie sur son numéro deux, l'inspecteur des Finances Nicolas Dufourcq, qui a fait une bonne partie de sa carrière chez France Télécom auprès de Michel Bon... Cet enfant de la nomenklatura est le fils d'un ambassadeur et d'une « juppette », éphémère secrétaire d'État à la Recherche en 1995. Paul Hermelin le charge des grands comptes, donc ceux de l'État. Il y fait merveille. Mais, en 2013, Nicolas Dufourcq revient à Bercy. Il prend la direction de la toute nouvelle Banque publique d'investissement (BPI), une des rares réussites du quinquennat Hollande.

Aujourd'hui soutien d'Emmanuel Macron, Paul Hermelin fait partie des P-DG français les mieux payés : il a gagné plus de quatre millions d'euros en 2015.

1. Voir le chapitre « Sanctionné ? Moi, jamais », p. 211.

L'extraordinaire carnet d'adresses de Raymond Soubie

Un autre énarque a formidablement bien réussi dans le consulting en faisant fructifier son incomparable carnet d'adresses au sein de l'État. « J'ai été conseiller social à Matignon pendant sept ans, de 1974 à 1981, un cas unique, raconte le septuagénaire Raymond Soubie. Après la défaite de Giscard, le Premier ministre Pierre Mauroy m'a proposé la direction de l'Unédic, mais j'ai préféré aller dans le privé[1]. » Il prend la direction du groupe de presse spécialisé *Liaisons sociales*. Puis monte Altedia, un cabinet conseil en plans sociaux. Il connaît tous les ministres du Travail et tous les leaders syndicaux. Tous les patrons du CAC 40 font donc appel à lui.

Il devient très vite le numéro un du secteur, avec plus de 800 consultants. Il introduit même Altedia en Bourse. Mais Raymond Soubie ne s'éloigne pas du monde politique pour autant. Pendant trente ans, il demeure l'incontesté M. Social de la droite. Il conseille Raymond Barre, Edouard Balladur, Jacques Chirac, Dominique de Villepin, Jean-Pierre Raffarin... C'est bon pour l'ego. Et pour les affaires.

En 2005, il vend Altedia à Adecco. Il y reste deux ans pour assurer le transfert de compétences. Puis, en 2007, il se retrouve de nouveau à l'Élysée auprès de Nicolas Sarkozy. Ce qui lui donne l'occasion de tester

1. Entretien avec l'auteur, le 12 septembre 2017.

les jeunes hauts fonctionnaires qui montent, notamment deux clones d'Emmanuel Macron, « Senghoriens » et inspecteurs des Finances comme lui : Marguerite Bérard et Sébastien Proto[1], aujourd'hui banquiers...

« Je suis parti après la réforme des retraites, mon travail était fini », assure Raymond Soubie. Le temps qu'il passe à l'Élysée coïncide avec la période de sa clause de non-concurrence avec Altedia-Adecco ; si bien qu'il peut créer une entreprise quasiment identique. Ce qu'il fait dès 2010, avec Alixio. Son numéro deux est alors un jeune économiste, Pierre-André Imbert, qui deviendra l'architecte des lois El Khomri.

L'infatigable Soubie monte aussi Taddeo, un cabinet en communication stratégique, avec l'ancien expert en sondage de Nicolas Sarkozy, Julien Vaulpré. « Avec ces deux structures, précise-t-il, nous avons, par exemple, aidé Patrick Drahi dans son rachat de SFR. » Pour déminer le terrain social au plus haut niveau et vendre le projet aux pouvoirs publics. Il confesse que ses multiples contacts dans l'État lui ont été très utiles...

On notera qu'Emmanuel Macron a manifestement un faible pour l'ancien bras droit de Raymond Soubie, Pierre-André Imbert. Début août 2016, les lois El Khomri vont enfin être promulguées. Le futur chef de l'État, alors ministre de l'Économie, tient à récompenser celui qui les a portées au jour le jour. Comment ? « Il lui fallait un point de chute », se souvient Raymond Soubie. Où ? Le méritant collaborateur vient d'avoir

1. Voir le chapitre « Le syndrome "Jardiland" », p. 103.

45 ans, l'âge minimum requis, on l'a vu[1], pour être nommé inspecteur général des Finances. Avec le salaire à vie et la pension de retraite qui vont avec. C'est ce qui arrive le 3 août 2016, avec la bénédiction de François Hollande et Michel Sapin. Autrement dit, on confère à Pierre-André Imbert un statut d'intouchable qui le met à l'abri... des lois El Khomri. À l'abri aussi des ordonnances sur la loi Travail dont il supervisera la rédaction, comme conseiller social du président Macron...

1. Voir le chapitre « Lobbyistes *made in France* », p. 149.

14

Sanctionné ? Moi, jamais

C'est la loi : « Tout fonctionnaire, quel que soit son rang dans la hiérarchie, est responsable de l'exécution des tâches qui lui sont confiées[1]. » Pourtant, la plupart du temps, les hauts fonctionnaires qui commettent de graves erreurs ne sont pas sanctionnés. Ils poursuivent leur carrière comme si de rien n'était. Exagération ? Jugez par vous-même.

En 2007, Nicolas Sarkozy décide de regrouper les multiples logiciels de paye de la fonction publique. Chaque ministère possède le sien. Il n'en veut plus qu'un seul. Ultramoderne. Pour traiter en même temps les fiches de salaire des 2,5 millions de fonctionnaires. On le baptise « SI Paye ». Le ministre du Budget, Éric Woerth, l'assure : quand il sera généralisé, « par paliers entre 2011 et 2014 », il fera économiser près de 200 millions d'euros par an à l'État. Un plan parfait. Sur le papier.

Pour mener à bien l'opération, le gouvernement crée un nouvel organisme : l'Opérateur national de paye (ONP). À sa tête, Éric Woerth nomme la ponte de Bercy

---

1. Du 13 juillet 1983.

qui a imaginé le système : Sophie Mahieux, trésorier-payeur du Trésor. Depuis vingt ans, cette énarque a conseillé tous les ministres des Finances de gauche. Elle a même été directrice du Budget. Une vraie pro – en théorie, du moins. En 2009, elle confie la conception du superlogiciel à un consortium de cabinets conseil en informatique emmené par Accenture. L'affaire est sur les rails. Sauf que rien ne se passe comme prévu.

Une perte sèche de 290 millions d'euros

Dès 2011, la livraison du logiciel est décalée de quinze mois. Puis des fuites annoncent un désastre. Le projet serait très mal conçu et beaucoup plus coûteux que prévu. L'Assemblée se saisit du dossier. En septembre 2012, la députée Karine Berger, rapporteure spéciale, auditionne Sophie Mahieux. Puis elle tire la sonnette d'alarme : l'administration refuse de l'informer sur l'état réel des travaux. L'ONP va-t-il dans le mur ?

Or il y a urgence. Actuellement « la plupart des 10 000 agents affectés à la paye travaillent sur des applications vieilles de 40 ans, bien souvent obsolètes, écrit Karine Berger. [Leur] maintien fait peser un risque sur la fiabilité et le fonctionnement du dispositif de paye[1] ». Le pouvoir, qui redoute une catastrophe à la « Louvois », le logiciel de paye des militaires qui a fait tant de dégâts, diligente une enquête. Elle est accablante. Et, en

1. Rapport du 10 octobre 2012 sur le projet de finances 2013, annexe 28.

mars 2014, le projet pharaonique est officiellement abandonné. Selon Bercy, il aura coûté la bagatelle de 290 millions d'euros. Le syndicat UNSA-DGFiP évalue même la facture à 580 millions !

À qui la faute ? Le 4 mars 2014, le nouveau secrétaire général de Bercy, Laurent de Jekhowsky, dénonce des « erreurs graves [dans le] pilotage de ce programme ». Sophie Mahieux n'est certes pas la seule responsable, mais elle était la directrice et n'a pas averti des retards et des surcoûts. Un an plus tard, la Cour des comptes[1] considère également qu'elle a « ignoré » ou « gravement sous-estimé » un grand nombre de risques facilement identifiables.

Est-elle sanctionnée pour autant ? Pas le moins du monde. Après le rapport de Karine Berger, l'énarque de gauche est discrètement exfiltrée dans un placard doré de la Ville de Paris. Début 2013, le maire de la capitale, Bertrand Delanoë, lui confie la direction de la Banque municipale de Paris, l'ancien Mont-de-piété.

Là non plus, elle ne restera pas. À la fin de son contrat, en 2016, elle est remerciée et revient dans son corps d'origine à Bercy. Jusqu'à ce qu'en janvier 2017 le ministre des Finances, Michel Sapin, lui confie une autre sinécure : il la nomme T-PG du Val-d'Oise. Comme elle est « administratrice générale de classe exceptionnelle, 3e échelon », elle doit percevoir plus de 180 000 euros nets par an[2]. Confortable préretraite pour l'ex-patronne de cet ONP qui n'a jamais vu le jour !

1. Rapport annuel 2015 de la Cour des comptes.
2. Voir le chapitre « Un secret si bien gardé », p. 31.

La gabegie de SIRHEN

D'autres projets informatiques mal menés ont coûté des fortunes... mais pas de carrières. Prenez le système SIRHEN, censé gérer les dossiers administratifs de tous les agents de l'Éducation nationale. Lancé en 2006, il devait être opérationnel en 2012. Mais là aussi c'est un gouffre financier. Depuis le début, écrit la Cour des comptes, « des difficultés mal maîtrisées dans la conduite du programme ont entravé son bon déroulement, jusqu'à provoquer un quintuplement du coût à terminaison, qui passe de 60 à 286 millions d'euros, et un étirement du calendrier global jusqu'en 2023[1] ». Qui est fautif ?

La Cour désigne au moins un responsable. Pendant les premières années, « le défaut d'implication du secrétaire général du ministère n'a pas permis une prise de conscience suffisamment précoce de cette situation très difficile[2] », écrit Didier Migaud, le patron de l'institution de contrôle, à la ministre Najat Vallaud-Belkacem. L'homme sur la sellette s'appelle Pierre-Yves Duwoye. Il a été secrétaire général au moment du lancement de SIRHEN, en 2007, et pendant plusieurs années qui ont suivi. Qu'est-il devenu ensuite ?

Le 1er avril 2011, alors que le gouvernement comprend que le projet prend l'eau et qu'il ne sera certainement pas

1. Référé sur le programme SIRHEN du 19 décembre 2016.
2. Référé de la Cour des comptes du 19 décembre 2016.

opérationnel l'année suivante comme prévu, Duwoye est remplacé. Sanctionné ? Pensez-vous ! Aussi incroyable que cela paraisse, il est bombardé conseiller maître... à la Cour des comptes ! Mais ce n'est pas fini. Pierre-Yves Duwoye est un énarque de la fameuse promotion Voltaire, celle du président Hollande. Dès que ce dernier est élu président, il revient à l'Éducation nationale. Par la grande porte : il est nommé directeur de cabinet du ministre Vincent Peillon.

Problème, entre les deux hommes, le courant passe mal. Il ne reste que quelques mois. Puis le gouvernement lui confie la direction d'une prestigieuse académie, celle de Versailles, dont il est nommé recteur. Enfin, en 2015, on l'envoie à Limoges, d'où il démissionne en mars 2017. Pour revenir tranquillement à la Cour des comptes. Non sans avoir, au passage, agoni de mots doux Vincent Peillon sur son blog. Et affiché son soutien au candidat Macron. Un appel du pied resté pour l'instant sans réponse.

Scandales dans l'agriculture

Il n'y a pas que l'éducation, prenez l'agriculture. Organisme très connu des paysans, l'Agence service paiement (ASP) est chargée de leur verser les aides de Bruxelles. Elle est née en 2009 de la fusion de plusieurs institutions. Le but de ce regroupement : réduire le montant des corrections financières imposées à la France par la Commission européenne. Ces amendes d'un nouveau genre sont imposées quand Bruxelles soupçonne que l'organisme verseur s'est trompé. De 1996 à 2007, elles s'élevaient à 100 millions d'euros en moyenne par an. Or, au lieu de baisser, ces « refus d'apurement », c'est le terme technique, ont explosé : 400 millions en 2014, 800 en 2015 et 700 en 2016 ! Plus grave encore, en 2016, l'ASP est incapable de verser les aides attendues par les agriculteurs bio. Un désastre pour la profession.

Depuis sa création, son directeur est un énarque, Edward Jossa. Un camarade de promotion de l'ancien patron de Sciences Po Richard Descoings. Auparavant, il a été à la tête de la direction des collectivités locales au ministère de l'Intérieur. Son second mandat à l'ASP s'achève en septembre 2015. La Cour des comptes préparant un rapport qui s'annonce accablant, il n'est pas renouvelé dans ses fonctions. Pendant un an, il reste dans un placard. Mais François Hollande l'en sort en septembre 2016 : il lui confie la présidence de l'UGAP[1], la centrale publique d'achat. Un beau poste. Il perçoit désormais un salaire de 174 000 euros bruts par an[2]. Presque autant que le président de la République !

Du Mediator au Conseil d'État...

Dans la santé aussi, les sanctions sont rarissimes. Prenez Jean Marimbert, énarque de la même promotion que Sophie Mahieux. Quand, en 2010, le scandale du Mediator éclate, cela fait six ans qu'il dirige la police

1. Union des groupements d'achats publics.
2. Décision de la direction du budget du 9 décembre 2016.

du médicament, l'Agence française de sécurité sanitaire des produits de santé (AFSSAPS)[1]. Cette année-là, les Français apprennent, effarés, que l'antidiabétique commercialisé depuis 1974 par les laboratoires Servier, et utilisé par des millions de personnes comme coupe-faim, est un poison pour le cœur. Or il n'a été retiré du marché qu'en 2009, des années après l'Espagne ou l'Italie et bien après que la revue *Prescrire* a demandé son interdiction. Un retard qui a probablement causé la mort de centaines de personnes. La Caisse d'assurance maladie (CNAM) évalue à 500 décès la surmortalité sur trente ans, plus tard un expert judiciaire l'estimera à 2 100[2]. Qu'attendait donc Jean Marimbert ?

Début 2011, l'Inspection générale des affaires sociales, l'IGAS, remet un rapport[3] accablant contre « l'incompréhensible tolérance » de l'Agence de santé, coupable d'avoir tant tardé. Son patron n'est pas épargné. Certes, écrivent les rapporteurs, il « n'a pas été informé de manière correcte sur le Mediator » par les experts de l'Agence, dont certains auraient été à la solde de Servier. Il n'a donc pas caché sciemment la vérité. Mais, poursuit l'IGAS, « cette situation ne saurait l'exonérer de la responsabilité qui était la sienne de maîtriser les risques de gestion de l'Agence et de prendre les décisions de ressources humaines nécessaires notamment dans le

1. Devenue, depuis 2012, l'Agence nationale de sécurité du médicament et des produits de santé (ANSM).

2. Voir à ce sujet l'excellent livre d'Irène Frachon, la médecin pneumologue qui a soulevé le scandale : *Mediator, combien de morts ?*, Éditions Dialogues, 2010.

3. « Enquête sur le Mediator », Inspection générale des affaires sociales, janvier 2011.

secteur de la pharmacovigilance ». D'autant que de multiples rapports l'avaient alerté sur la nécessité absolue de réformer le système.

En février 2011, Jean Marimbert démissionne... et retourne au Conseil d'État. La justice considère qu'il n'a pas commis de faute pénalement répréhensible. Mais, comme le dit l'IGAS, il ne saurait être « exonéré de toute responsabilité ». Pourtant, trois mois après son départ, il est promu. C'est lui qui remplace Pierre-Yves Duwoye comme secrétaire général du ministère de l'Éducation nationale. « C'était une manière au sein de l'appareil d'État de dire que je n'avais pas démérité », cherche à se convaincre Jean Marimbert[1], visiblement toujours très affecté par l'affaire.

Mais comment, après un tel scandale, justifier vraiment cette nomination à un poste aussi prestigieux dans l'administration ? Comment expliquer aux victimes du Mediator et à leurs familles qu'il y est même un peu mieux rémunéré qu'à l'AFSSAPS : 10 800 euros nets par mois contre 9 900, selon les chiffres fournis par Jean Marimbert lui-même[2] ? Il est revenu au Conseil d'État deux ans après. Il y est encore, à la section sociale...

Où l'on retrouve Aquilino Morelle

Triste ironie de l'histoire : l'un des trois rapporteurs de l'IGAS qui l'ont accablé est le médecin énarque

1. Entretien avec l'auteur, le 9 juin 2017.
2. *Ibid.*

Aquilino Morelle, qui deviendra, dix-huit mois plus tard, le très controversé conseiller politique du président Hollande. Accusé par Mediapart[1] d'avoir été, dans les années 2000, rémunéré par un laboratoire danois tout en étant inspecteur, il fait l'objet d'une enquête préliminaire pour prise illégale d'intérêts. Mais le parquet ne donne pas suite. Selon *Le Monde*[2], le rapport de l'IGAS concernant Aquilino Morelle aurait été enterré, François Hollande refusant de prendre la moindre sanction administrative contre son ancien conseiller.

Autre cas d'impunité dans la santé : Erik Rance, membre lui aussi de l'IGAS. En 2011, cet énarque est nommé directeur de l'Office national d'indemnisation des accidents médicaux (ONIAM), un organisme créé en 2002 par Bernard Kouchner. Six ans plus tard, la Cour des comptes dénonce « un dispositif en échec[3] », « une mise en œuvre dévoyée », une gestion « laxiste » et de « graves défaillances », telles que des délais trop longs ou des rejets injustifiés de dossiers. Bref, des « dysfonctionnements » ayant des « conséquences lourdes pour les victimes ». À tel point que la Cour considérerait « aventureux de confier [à l'ONIAM] la mission d'indemniser les victimes de la Dépakine[4] » !

Le 8 février 2017, Erik Rance, qui a reçu la Légion d'honneur six mois auparavant, est limogé. Il retourne à

1. Mediapart du 14 avril 2014.
2. *Le Monde* du 10 janvier 2017.
3. Rapport annuel 2017 de la Cour des comptes.
4. Un médicament antiépileptique pris par près de 14 000 femmes enceintes entre 2007 et 2014 et à l'origine de malformations chez leurs enfants. Voir le témoignage édifiant de Marine Martin dans son livre *Dépakine, le scandale. Je ne pouvais pas me taire*, Robert Laffont, 2017.

l'IGAS. Certes, selon plusieurs témoignages, l'homme n'est pas un haut responsable froid et cynique. Il est sensible à la détresse des victimes. Mais, à lire le rapport de la Cour, sa gestion « laxiste » a accru leur drame. Or, en cas d'« erreurs ou de négligence dans l'exercice de sa fonction », il est prévu qu'un fonctionnaire peut être sanctionné. Pourtant, à notre connaissance, l'administration ne lui a pas infligé le moindre blâme ou avertissement[1] !

Le recasage de Mireille Faugère

Et puis, toujours dans la santé, il y a le cas de Mireille Faugère. Cette diplômée d'HEC a accompli l'essentiel de sa carrière à la SNCF. Pendant huit ans, elle en a dirigé avec succès la branche grande vitesse. « J'étais Mme TGV[2] », dit avec nostalgie cette femme pimpante et volubile.

En 2010, Nicolas Sarkozy remercie le directeur de l'Assistance publique de Paris. Le chef de l'État veut moderniser et rentabiliser le plus vaste ensemble européen d'hôpitaux universitaires. Pour le diriger, il cherche la perle rare. Son conseiller social, l'infatigable Raymond Soubie, déniche Mireille Faugère, une battante qui aspire à diriger un grand organisme public. Mais pas à n'importe quel prix. « J'ai négocié mon

1. Le parquet national financier a, néanmoins, ouvert une enquête préliminaire pour, notamment, abus de confiance, selon *Le JDD* du 2 décembre 2017.

2. Entretien avec l'auteur, le 8 février 2017.

salaire avec le directeur du Budget, que je connaissais[1] », confie-t-elle. Elle obtient 300 000 euros bruts par an, dont 250 000 euros de part fixe, la même qu'à la SNCF.

Trois ans plus tard, fin 2013, elle est remerciée à son tour. Et remplacée par le conseiller d'État Martin Hirsch. L'ancien patron d'Emmaüs rêvait du poste depuis toujours. Mireille Faugère crie à l'« éviction politique ». Selon elle, Anne Hidalgo, candidate à la succession de Bertrand Delanoë, n'aurait pas supporté qu'en pleine campagne municipale elle ferme les urgences de l'Hôtel-Dieu. Les syndicats, eux, évoquent des « recours à des cabinets conseil privés très chers ». Des sources internes parlent aussi de « gestion calamiteuse », de « dérives ».

Pourtant Mireille Faugère est particulièrement bien traitée par le pouvoir. Elle touche une indemnité de licenciement de 125 000 euros. La somme empochée, François Hollande la nomme conseiller maître à la Cour des comptes. « Pour la première fois de ma vie, j'ai la sécurité de l'emploi », jubile-t-elle. Et un salaire assuré d'environ 9 000 euros nets. Un recasage doré très discutable s'agissant d'un cadre dirigeant qui a bénéficié d'un salaire et d'indemnités élevés. Mais les lois non écrites qui régissent la très haute fonction publique ne sont pas celles qui s'appliquent au commun des mortels.

1. *Ibid.*

Gabegie dans les hôpitaux de Paris

Ce n'est pas tout. Quelques mois plus tard, la chambre régionale des comptes d'Île-de-France mène une enquête sur la gestion des hôpitaux de Paris, de 2010 à 2014. Ses conclusions[1] sont sévères. Outre le salaire et les indemnités de Mireille Faugère qui ne sont pas réglementaires, la Cour dénonce, comme les syndicats auparavant, son recours abusif aux cabinets conseil privés. Les magistrats ont dénombré pas moins de 1 044 contrats de consultants ! Certains ont été passés sans véritable mise en concurrence ; d'autres ne répondaient pas à « des besoins précis ». Quelques-uns encore sont particulièrement chers : 4 950 euros par jour pour un consultant ! La Cour a même découvert que le cabinet américain Boston Consulting Group avait, à lui tout seul, reçu 3,7 millions d'euros de 2010 à 2013. Or toute cette aide très coûteuse n'a pas empêché, par exemple, un gigantesque bug informatique. En 2011, toutes les créances non payées ont disparu. Une perte sèche de 80 millions d'euros !

Enfin, la Cour note que, durant son mandat à l'Assistance publique, Mireille Faugère continuait à siéger au conseil d'administration de deux entreprises du CAC 40 : le lunettier Essilor et EDF. D'après les documents de référence, en 2013, de ces groupes, elle a, par exemple, reçu 27 400 euros de jetons de présence à

1. « Assistance Publique-Hôpitaux de Paris. Rapport d'observations définitives », Chambre régionale des comptes d'Île-de-France, 4 octobre 2016.

Essilor et 47 972 euros à EDF. Soit plus de 75 000 euros qui s'ajoutaient à sa rémunération de patronne des Hôpitaux de Paris. Or, d'après une loi du 13 juillet 1983, il serait interdit pour un agent public de participer aux organes dirigeants d'une société à but lucratif. Martin Hirsch a déposé plainte au tribunal administratif pour obtenir le remboursement de ces sommes. Et, selon une source bien informée, le parquet général de la cour de discipline budgétaire aurait été saisi.

Malgré tout cela, Mireille Faugère, membre du « Siècle », fait son trou dans la haute administration. En 2017, elle est même nommée au jury d'entrée de l'ENA et à un comité de sélection de l'inspection des Finances. Il faut dire qu'elle siégeait au conseil d'administration d'EDF avec la cheffe de ce corps prestigieux, Marie-Christine Lepetit. Ça crée des liens. Elle y côtoyait aussi David Azéma[1], le patron de l'Agence des participations de l'État devenu avocat d'affaires. Elle le retrouve au comité directeur de l'Institut Montaigne, le *think tank* libéral proche d'Emmanuel Macron qui réclame « une fonction publique audacieuse, *business friendly* ». Et au-dessus des lois ?

Quand le Quai couvre la femme d'un ambassadeur

Au Quai d'Orsay, les diplomates ne sont pas non plus comptables de leurs errements[2]. Dans la longue histoire

1. Voir p. 60 et 103.
2. Pour d'autres exemples, voir également *La Face cachée du Quai d'Orsay*, *op. cit.*

de ce prestigieux ministère, la commission disciplinaire des ministres plénipotentiaires ne s'est réunie qu'une seule fois : le 7 décembre 2010 ! Ce jour-là, elle décide à l'unanimité la mise à la retraite d'office – la sanction la plus élevée – de l'ancien ambassadeur de France auprès du Conseil d'Europe, Paul Dahan, coupable de harcèlement moral. Le ministère le dénonce au parquet. Et le 16 janvier 2017, l'ancien diplomate est condamné à 10 000 euros d'amendes avec sursis. Une première.

Mais une fois n'est pas coutume. Car la plupart du temps le ministère couvre ses ouailles. Une protection qui s'étend même au conjoint ! C'est un ambassadeur réputé[1], brillant et affable. Seulement voilà : sa femme est un tyran domestique. Elle harcèle le petit personnel. Dans les pays où il est nommé, la presse locale en parle. Début 2016, un employé de leur résidence décide de porter plainte pour harcèlement contre cette maîtresse de maison insupportable. Mais l'ambassadeur est une importante personnalité. Le ministère des Affaires étrangères ne veut pas qu'il soit contraint de quitter son poste, à cause de cette affaire. Alors, le Quai décide de passer un accord confidentiel[2] avec le plaignant qui sera signé le 1er avril 2016. En échange de son silence sur les méfaits de la dame, l'État français lui verse près de 40 000 euros. Avec l'argent du contribuable, évidemment.

1. Il n'est pas possible de donner le nom des protagonistes de cette affaire : ils ont signé un accord leur interdisant d'en parler et donc à l'auteur de faire part des positions des deux parties.

2. Dont l'auteur a une copie.

Impunité aux douanes

Aux Douanes, la situation n'est guère plus satisfaisante. En juin 2013, un scandale éclate. On découvre que, contrairement aux règles élémentaires de déontologie, les deux responsables du service des droits indirects à Bercy entretiennent des liens très étroits avec l'industrie du tabac dont ils gèrent pourtant le régime fiscal. Ils ont été invités par le géant du secteur British American Tobacco : l'un, Galdéric Sabatier, dans un restaurant chic de Paris, l'autre, son patron, Henri Havard, dans une loge à Roland-Garros. L'affaire fait grand bruit. On voit là une nouvelle preuve du lobbying actif des cigarettiers. Et de la complaisance de certains hauts fonctionnaires de Bercy à leur endroit, pour ne pas dire plus.

Le ministre concerné, Pierre Moscovici, assure que des sanctions seront prises. Les deux compères sont bien démis de leurs fonctions. Le premier est nommé « chargé de mission », un placard. Et le second retourne dans son corps d'origine, l'inspection des Finances. Mais, à notre connaissance, aucune sanction disciplinaire n'est prise. En tout cas, pas de rétrogradation ni de révocation. Un an plus tard[1], quand l'affaire est oubliée, Henri Havard est même promu inspecteur général des Finances, alors qu'il n'était que 1re classe, ce qui lui permettra d'arrondir sa retraite. Et, en 2016, il est affecté au conseil d'administration du PMU...

1. Décret du 13 juin 2014.

L'affaire Agnès Saal

À la Culture, le règne de l'impunité pour les dirigeants d'établissement a duré pendant des décennies. Puis le scandale Agnès Saal a éclaté. Cette énarque née en Tunisie est une spécialiste reconnue des affaires culturelles. Pendant treize ans, elle a été directrice générale de la BNF, puis du Centre Georges-Pompidou. En mai 2014, la ministre Aurélie Filippetti, dont elle est proche, la nomme présidente de l'Institut national de l'audiovisuel (INA). Son traitement est fixé à 190 000 euros bruts par an, dont 135 000 fixes. Un beau poste ! Mais, un an plus tard, en avril 2015, elle est contrainte de démissionner. Des fuites internes, bien étayées, révèlent que ses frais de taxi sont effarants. Une enquête est aussitôt diligentée.

Les policiers découvrent qu'Agnès Saal a dépensé en taxis plus de 40 000 euros en dix mois, dont 6 700 euros pour son fils qui disposait d'un code de réservation auprès de la compagnie G7. À Beaubourg, aussi, ses charges de taxi étaient extravagantes, 38 000 euros entre janvier 2013 et avril 2014 ! Circonstance aggravante : dans les deux cas, elle avait une voiture avec chauffeur. « L'affaire tombait particulièrement mal, témoigne-t-elle, elle venait juste après les scandales Cahuzac, Morelle et Thévenoud. Après les politiques, il fallait une victime expiatoire chez les hauts fonctionnaires... et ce fut moi[1]. »

1. Entretien avec l'auteur, le 8 mars 2017.

La commission disciplinaire des administrateurs civils, son corps d'origine, est saisie. C'est la première fois dans l'histoire du ministère de la Culture ! « Personne ne se souvient d'une autre procédure disciplinaire infligée à un administrateur civil depuis la création du corps en 1945 », écrit Pierre Laberrondo, rédacteur en chef adjoint du site spécialisé Acteurs publics[1]. Puis c'est au tour de la commission interministérielle. Les deux proposent une exclusion de deux ans de la fonction publique. Les syndicats n'acceptent que six mois. Pour ce type de sanction, c'est au président de la République de trancher. Il opte pour deux ans d'exclusion, dont six mois ferme. Agnès Saal, qui a déjà remboursé 24 000 euros à l'INA et 12 000 euros au Centre Pompidou, est sonnée.

« Je suis l'incarnation de la trahison des élites »

« La faute, je l'ai commise, déclare-t-elle juste après la décision présidentielle. Il ne s'agit pas de la nier, ni de la sous-estimer, ni de tenter de me disculper ou de trouver des circonstances atténuantes. Je n'ai pas l'intention de former un recours. J'assume cette faute, je la regrette à un point infini[2]. » Puis elle ajoute : « Je suis devenue un dérivatif, un symbole, l'incarnation de la trahison des élites, alors que je suis à l'opposé de cette image de haut fonctionnaire cupide qui dilapide les

1. Acteurs publics, le 5 janvier 2016.
2. *Le Monde* du 11 janvier 2016.

fonds publics. » Elle conclut en disant : « À travers moi, l'opinion et les réseaux sociaux se sont fait l'écho de la détestation de la haute fonction publique et de ses abus, supposés ou réels, d'une colère face à une forme de distorsion entre le service de l'État et les avantages qu'on peut en tirer. » Elle espère alors que ce plaidoyer va ébranler la justice.

Car deux parquets sont saisis : celui de Créteil pour l'INA, et de Paris pour Beaubourg. Agnès Saal plaide coupable. En avril 2016, elle écope de trois mois de prison avec sursis et de 7 500 euros d'amende, auxquels s'ajoutent 5 500 euros de dommages et intérêts à l'association Anticor. Elle est anéantie.

Les petits mots d'Emmanuel et Brigitte Macron

Plusieurs de ses anciens patrons et collègues écrivent des pétitions en sa faveur. Des amis se manifestent. « Emmanuel Macron et Brigitte m'ont soutenue par quelques messages, des mots sympas, assure-t-elle. Lorsqu'il était secrétaire général adjoint à l'Élysée, Emmanuel m'avait demandé si je pouvais organiser une visite de Beaubourg pour la classe de lycée de Brigitte qui n'arrivait pas à réserver. Je m'étais arrangée. Ils s'en souvenaient. Quand j'ai dit à la presse que j'étais une sorte de Jeanne d'Arc, Brigitte m'a écrit dans un SMS : "Attention, elle a très mal fini."[1] »

1. Entretien avec l'auteur, le 9 août 2017.

Au bout des six mois d'exclusion sans salaire, Agnès Saal est, comme la loi le prévoit, réintégrée rue de Valois. « En juin 2016, le secrétaire général, que je connaissais depuis sa sortie de l'ENA, m'a proposé d'être chargée de mission auprès de lui, raconte-t-elle. Je dois étudier les candidatures pour le label "Diversité et égalité". Je touche mon salaire d'administratrice générale : 8 000 euros bruts par mois[1]. » Un an après, la ministre de la Culture d'Emmanuel Macron lui offre mieux : « Le cabinet de Françoise Nyssen m'a confié une mission en Tunisie, mon pays de naissance : aider à la refonte du ministère de la Culture là-bas, révèle-t-elle dans un grand sourire. Mais, aujourd'hui, j'aimerais pouvoir aussi être candidate à un poste de direction. Comme les autres. Ne pas être condamnée à perpétuité. »

Son affaire a-t-elle servi de leçon aux autres patrons d'établissements culturels ? « Un juge m'a demandé : "Avez-vous l'impression que, depuis votre mise en examen, le comportement des autres s'est modifié ?" Je n'ai pas répondu. » Elle en est convaincue : « Beaucoup agissaient comme moi. Et, si j'avais été membre d'un grand corps, le Conseil d'État par exemple, un réseau de soutien se serait mis en place très vite, avant que la machine ne commence à me broyer, dit-elle. Je suis devenue une criminelle qu'il fallait punir de façon exemplaire. Je n'étais pas assez intéressante pour être protégée[2]. »

1. Entretien avec l'auteur, le 8 mars 2017.
2. *Ibid.*

Les frais de taxi mirobolants à France Télévisions

En réalité, d'autres ont été mis en cause pour des faits similaires. Dans un rapport éreintant[1], la Cour des comptes révèle que, grâce à un code auprès d'un prestataire, dix cadres dirigeants de France Télévisions ont, de 2012 à 2014, dépensé chacun de 7 500 à 22 000 euros par an de frais de taxi, alors que deux d'entre eux disposaient de voitures de fonction. Mais l'affaire est classée sans suite.

Ce n'est pas tout. En mai 2015, la ministre de la Culture, Fleur Pellerin, demande un rapport à son inspection sur les dépenses des dirigeants d'établissements culturels. Le document est toujours secret. « Il était accablant, dévoile l'un de ses rares destinataires. Regardez l'instruction qu'elle a ensuite envoyée à ces hauts responsables et vous aurez une idée de ce que l'inspection a trouvé. » C'est ainsi que, le 24 juin 2015, la ministre rappelle fermement les règles en matière de frais de taxi, de restaurant, d'hôtel, ou encore de recours aux conseils extérieurs... Comme si elles avaient été totalement négligées.

Fleur Pellerin écrit aussi dans sa note qu'un dirigeant d'établissement public n'a pas le droit de faire appel à un consultant pour son image personnelle. Elle pense alors probablement au prédécesseur d'Agnès Saal à l'INA, Mathieu Gallet, qui a, semble-t-il, eu recours

1. Rapport de la Cour des comptes sur France Télévisions, 24 octobre 2016.

à ce type de conseil dans des conditions controversées[1]. Bref, « Agnès Saal a clairement payé pour les autres, estime la présidente du Grand Palais, Sylvie Hubac. Après son affaire, il y a eu des remboursements individuels de taxi, mais c'est tout. Depuis, tout le monde se tient à carreau, y compris sur les dépenses de réception[2] ». Pour combien de temps ?

Lors d'une audition à l'Assemblée nationale, le 7 décembre 2016, la patronne de France Télévisions Delphine Ernotte a pris un engagement : « Nous avons décidé de communiquer les notes de frais des membres du comité exécutif, dont les miennes. » Ces données, a-t-elle ajouté ce jour-là, seront publiées sur le site de France Télévisions. Un an plus tard, ce n'est toujours pas le cas[3]...

1. Ces contrats ont, par la suite, fait l'objet d'une enquête policière qui a conduit la justice à mettre Mathieu Gallet en examen pour « favoritisme » dans le cadre de la passation de contrats de conseils s'élevant à 428 000 euros. Le 16 novembre 2017, le parquet a requis contre lui 18 mois de prison avec sursis et 40 000 euros d'amende.

2. Entretien avec l'auteur, le 24 juillet 2017.

3. Par un e-mail du 3 novembre 2017, l'attachée de presse de France Télévisions s'est engagée à fournir des explications. L'auteur les attend encore...

15

Sus aux intouchables !

Cet homme est la bête noire des intouchables. Du moins, il devrait l'être. Président de la commission de déontologie de la fonction publique, c'est lui qui autorise ou interdit leur « pantouflage » dans le privé. En réalité, Roland Peylet est un tigre de papier qui ne fait pas peur à grand monde. Et il le sait.

Ce conseiller d'État à la retraite, censé surveiller avec vigilance la frontière entre les fonctionnaires et le secteur privé, est contraint de donner rendez-vous dans un bar, à Paris : le Nemours, situé place Colette, juste derrière le Palais-Royal. « Je n'ai plus de bureau[1] », soupire ce septuagénaire bonhomme à l'accent roulant du Sud-Ouest. À dire vrai, il ne dispose que de très peu de moyens. « J'ai cinq millions de "clients", tous les fonctionnaires, et je dois signer trois mille avis par an, explique cet ancien conseiller de Lionel Jospin. Pourtant la commission n'a droit qu'à cinq salariés à temps plein. C'est tout à fait insuffisant. »

Il ajoute que cette mission, qui lui rapporte 1 800 euros nets par mois, n'est pas sa seule occupation.

1. Entretien avec l'auteur, le 20 décembre 2016.

Il siège aussi bénévolement au conseil d'administration de la RATP, il est membre de la commission nationale du débat public et il est conseiller municipal socialiste du Perreux, près de Paris. À ses heures perdues, il fait aussi des arbitrages entre collectivités locales et entreprises privées, « rémunérés 5 000 euros chacun environ », confie-t-il ; si bien que la déontologie des fonctionnaires ne l'occupe qu'« un quart-temps ».

« Cette commission, c'est de la blague ! »

« Disons-le tout net : cette commission, c'est de la blague ! tranche Christian Eckert, secrétaire d'État au Budget sous François Hollande, qui en a vu, des pantouflages douteux. Il suffit de regarder sa composition[1]. » De fait, tous les grands corps y sont représentés. Roland Peylet, lui-même, est à la fois polytechnicien du corps des Ponts et conseiller d'État honoraire. Il y a aussi un membre du corps préfectoral et un de la Cour des comptes. Ce n'est pas tout. La commission désignée en février 2017 comporte même deux inspecteurs des Finances ! « Et vous vous demandez pourquoi elle est si indulgente avec les hauts fonctionnaires ? » s'esclaffe Christian Eckert.

Sous le sceau de l'anonymat, même les intéressés en conviennent. « Effectivement, cette commission est un peu "légère", confie un inspecteur des Finances, surpris d'une telle désinvolture. J'y suis passé deux fois.

1. Entretien avec l'auteur, le 10 juillet 2017.

La première pour rentrer dans un organisme patronal, on m'a dit : pas de problème ce n'est pas du privé ! La seconde, j'étais embauché dans une entreprise de service, j'ai eu droit en tout et pour tout à un seul entretien téléphonique et le ton de mon interlocuteur n'était pas vraiment inquisitorial[1]... »

Roland Peylet a l'habitude de ces critiques qu'il semble presque partager, au moins en partie. « C'est vrai, la commission a la réputation d'être trop conciliante et de faire dans l'entre-soi, mais nous ne faisons qu'appliquer la loi », rétorque-t-il, sans grande conviction. « Il est vrai, nuance-t-il, qu'on peut interpréter les textes plus ou moins sévèrement... »

Il rappelle aussi que la réglementation, qu'il doit appliquer, a été assouplie sous la présidence Sarkozy. « Avant 2007, la commission devait étudier les responsabilités du fonctionnaire durant les cinq années passées, explique-t-il. Après, elle n'a eu un droit de regard que sur trois ans. Ce qui est peu... »

Le « pantouflage » d'Alexis Kohler

C'est grâce à ce délai raccourci qu'Alexis Kohler, futur secrétaire général de la présidence Macron, a finalement pu « pantoufler » chez le croisiériste italien MSC. Après l'élection de François Hollande, cet énarque de gauche est nommé directeur adjoint du cabinet du ministre de l'Économie, Pierre Moscovici.

1. Entretien avec l'auteur, le 10 avril 2017.

Quand celui-ci quitte Bercy au printemps 2014, Alexis Kohler souhaite prendre la direction financière du croisiériste italien MSC. Pourquoi cet étrange choix ? Aucune réponse claire n'a pu être apportée à ce jour[1]. En tout cas, une fois n'est pas coutume, la commission de déontologie émet, le 10 juillet 2014, un avis défavorable à ce pantouflage.

Pourquoi ? Selon *Le Canard enchaîné*[2], quelques mois auparavant, le fondateur de MSC a obtenu de Bercy un plan de financement très avantageux ; ce qui place Alexis Kohler en situation de potentielle prise illégale d'intérêts. Contraint de rester dans l'administration, il devient directeur de cabinet du nouveau ministre de l'Économie, Emmanuel Macron. Sa vie va en être radicalement changée. Mais il ne renonce pas.

Deux ans et demi plus tard, il refait une demande. Toujours pour le croisiériste italien MSC. Cette fois, le 6 octobre 2016, la commission de déontologie accepte : « Les faits sur lesquels la commission avait fondé son avis d'incompatibilité dataient de plus de trois ans[3] », explique Roland Peylet. Autrement dit, si le délai de « prescription » avait toujours été de cinq ans, Alexis Kohler n'aurait vraisemblablement pas pu intégrer la compagnie MSC...

1. Alexis Kohler n'a pas souhaité répondre aux questions de l'auteur. E-mail de la conseillère de presse de l'Élysée à l'auteur, le 22 septembre 2017.
2. *Le Canard enchaîné*, Odile Benyahia-Kouider, le 7 juin 2017.
3. SMS à l'auteur, le 21 septembre 2017.

Ce qui, du point de vue éthique, aurait probablement été plus correct. Car, selon *Le Canard enchaîné*[1], « à l'époque où les cabinets de Michel Sapin et Christophe Sirugue [secrétaire d'État à l'Industrie] négociaient d'arrache-pied avec les Italiens [le rachat partiel des chantiers navals de Saint-Nazaire], le directeur financier de MSC n'était autre que » l'ancien de Bercy.

Notons que, dès qu'il a rejoint l'Élysée, en mai 2017, Alexis Kohler a demandé au président Macron de pouvoir se « déporter » lorsque le dossier MSC serait abordé.

L'affaire Bruno Bézard

À la même époque, la commission donne un autre feu vert qui lui sera, lui, particulièrement reproché : son avis favorable en mai 2016 au passage du directeur du Trésor Bruno Bézard dans un fonds franco-chinois d'investissement, Cathay Capital. Un pantouflage avalisé par les patrons de Bercy à l'époque, Michel Sapin et Emmanuel Macron. Mais qui, selon Mediapart[2], place l'intéressé en sérieuse situation de conflit d'intérêts. Car ce fonds « a obtenu, sans appel d'offres », de l'argent provenant de la Banque publique d'investissement (BPI). Or, en tant que directeur du Trésor, Bruno Bézard était membre du conseil de surveillance de la Caisse des

1. *Le Canard enchaîné*, Odile Benyahia-Kouider, *op. cit.*
2. « Direction du Trésor : Le sulfureux pantouflage de Bruno Bézard », Mediapart, Laurent Mauduit, le 25 mai 2016.

dépôts qui détient la moitié de la BPI. Implacable logique.

Roland Peylet se défend mollement. « Nous avons formulé une réserve quant à son départ : il n'a pas le droit de chercher des informations non publiques auprès de son ancienne administration. » Et s'il passe outre ? « Comme il n'a pas démissionné de son corps, il pourrait se voir infligé une sanction disciplinaire. » Comme quoi ? « Un blâme, peut-être... » C'est tout.

Quand on lui demande s'il est vrai, comme la presse l'affirme, que Bruno Bézard n'a même pas été auditionné par la commission de déontologie, Roland Peylet confirme. « C'est exact, dit-il. Il était en voyage à l'étranger avec le ministre des Finances. Le rapporteur de son cas à la commission et le rapporteur général m'ont dit que ce n'était pas la peine de le faire revenir. Je me suis rangé à leur point de vue. Je le regrette, j'aurais dû passer outre. »

À sa décharge, Bézard ne serait pas du genre commode. Ce polytechnicien, sorti major de l'ENA et qui a occupé tous les grands postes de Bercy, n'y a pas que des amis. Mais son intégrité n'a jamais été prise en défaut. Au contraire. Ce quinqua est le seul haut fonctionnaire à s'être, en 2008, opposé à l'arbitrage entre l'État et Bernard Tapie, très favorable à ce dernier – arbitrage qui, huit ans plus tard, vaudra à la ministre de l'Économie de l'époque Christine Lagarde une condamnation pour « négligence »[1].

1. Condamnation avec dispense de peine décidée par la Cour de justice de la République, le 19 décembre 2016.

À propos de son pantouflage chez Cathay, Bruno Bézard répond : « Tout d'abord, en France, il y a des lois précises et des institutions compétentes, chargées de les faire respecter. La procédure a été scrupuleusement appliquée, la commission de déontologie a instruit précisément le dossier et donné son accord. Ceci n'appelle pas plus de commentaires ! » Mais il ajoute : « Par ailleurs, sur le fond, une confusion générale a été entretenue par ceux qui cherchaient, pour des raisons peu glorieuses, à alimenter une polémique. Il faut rappeler quelques vérités de base. Tout d'abord Cathay Capital n'est pas un fonds chinois mais très français. Basé à Paris, régulé par l'AMF et profondément ancré dans l'industrie française qui lui a confié la plus grande partie de ses financements. Il aide les entreprises françaises à réussir en Chine et ce faisant crée énormément d'emplois en France. Par ailleurs, le directeur du Trésor n'a absolument aucune autorité sur la BPI et en particulier sur le choix de ses investissements[1] ! »

« Toute la technostructure s'est mise en branle... »

Quoi qu'il en soit, l'affaire arrive au pire moment pour la commission de déontologie qui, déjà, avait été très sévèrement critiquée lors d'un autre pantouflage : le passage, en 2012, du conseiller économique de Nicolas Sarkozy, François Pérol, à la BPCE.

1. Entretien avec l'auteur, le 27 juin 2017.

En ce mois de juin 2016, le Parlement débat justement d'une nouvelle loi, dite Sapin 2, sur la déontologie des fonctionnaires. Un député socialiste, Sébastien Denaja, estime que l'avis favorable donné à Bruno Bézard déconsidère définitivement la commission de déontologie. Selon lui, il faut donc confier la tâche d'étudier les pantouflages des hauts fonctionnaires à une autre institution, jugée plus exigeante : la Haute Autorité pour la transparence de la vie publique (HATVP), qui collecte déjà les déclarations de patrimoine des hauts fonctionnaires. Composée de magistrats et disposant de davantage de moyens humains et d'investigation, elle lui semble plus apte à jouer pleinement le rôle de garde-frontières. Le député Denaja dépose un amendement en ce sens. Une bagarre en coulisses s'engage. Féroce.

La ministre de la Fonction publique, Annick Girardin, soutient le parlementaire. « Je souhaitais que la HATVP reprenne tous les pouvoirs de la commission de déontologie qui n'a pas les moyens de travailler, se souvient-elle. Mais toute la haute technostructure s'est mise en branle contre cet amendement[1]. » Michel Sapin s'en fait le porte-parole : « Mon administration était vent debout contre la HATVP, explique-t-il[2]. Les hauts fonctionnaires de Bercy disaient : personne, à part un membre des grands corps, ne peut savoir si, par exemple, un chef de bureau des assurances peut pantoufler dans telle ou telle entreprise. Ils préféraient largement la commission

1. Entretien avec l'auteur, le 10 mai 2017.
2. Entretien avec l'auteur, le 15 juin 2017.

de déontologie, à cause de sa composition... » La déontologie de l'entre-soi, en quelque sorte.

Mais les parlementaires se rangent du côté du député Denaja. Le 9 juin, sa collègue communiste de La Réunion, Huguette Bello, lance à la tribune de l'Assemblée nationale : « La commission de déontologie est complètement inefficace. Sa doctrine est pour le moins accommodante, notamment pour les gros poissons. Comme le déclare Éric Halphen, magistrat de l'association Anticor, plus on occupe une place élevée dans la hiérarchie plus la jurisprudence est libérale. » Elle ajoute : « Cette commission est placée sous l'autorité du Premier ministre, ce qui soulève de sérieuses questions en matière d'indépendance. » Elle propose donc, elle aussi, de transférer tous les pouvoirs de la commission à la HATVP, « autorité indépendante de tout pouvoir politique », assure-t-elle.

La parade du Conseil constitutionnel

Malgré l'opposition de Bercy, la loi est adoptée. Les grands corps cherchent une parade... et la trouve. Fait exceptionnel, le Conseil constitutionnel s'autosaisit de la question et, le 8 décembre 2016, annule, à la surprise générale, la disposition pour « inintelligibilité du texte » ! Est-il besoin d'ajouter que le président du Conseil constitutionnel, Laurent Fabius, son directeur de cabinet, David Gaudillère, ainsi que le secrétaire général de l'institution, Laurent Vallée, sont tous les trois issus d'un grand corps de l'État, le même en l'occurrence :

le Conseil d'État ? Ironie de l'histoire : Laurent Vallée ira, quelques mois plus tard, pantoufler chez Casino[1], après que la commission de déontologie lui a donné son feu vert.

Les députés de l'opposition – de droite comme d'extrême gauche – ne lâchent pas le morceau : ils veulent, d'une manière ou d'une autre, durcir les conditions de pantouflage. Après l'élection d'Emmanuel Macron, ils reviennent à la charge. Avec d'autant plus d'opiniâtreté que le nouveau pouvoir entend « moraliser » la vie publique en s'en prenant uniquement aux privilèges et à certaines mœurs des parlementaires. Sans toucher aux hauts fonctionnaires.

La guérilla des sénateurs...

Le 11 juillet 2017, ces parlementaires utilisent leur fief, le Sénat, pour contre-attaquer. Ils profitent de la discussion de la loi « rétablissant la confiance dans la vie publique » présentée par l'équipe Macron. « Le gouvernement veut restreindre la moralisation aux seuls parlementaires, nous souhaitons que le texte englobe l'ensemble de la fonction publique, membres du gouvernement et fonctionnaires compris », lance, non sans arrière-pensées, Bruno Retailleau, président du groupe LR au Sénat.

Le 12 juillet 2017, l'opposition fait adopter – à l'unanimité – par le Sénat quatre amendements limitant

1. Voir le chapitre « Affaires publiques... Très privées », p. 188.

« de manière drastique et inédite[1] » les allers et retours entre le public et le privé. Les sénateurs veulent ainsi restreindre « l'utilisation à des fins lucratives d'un réseau ou d'une clientèle constitués » dans l'État. Le pantouflage dans les cabinets conseil est particulièrement ciblé.

« Une volonté de protection au plus haut niveau... »

Mais la nouvelle ministre de la Justice, Nicole Belloubet, elle-même haut fonctionnaire et ancien membre du Conseil constitutionnel, s'oppose à ces ajouts qui ne seraient, à ses yeux, que des « cavaliers législatifs ». À la commission des lois de l'Assemblée nationale, les échanges s'enveniment. Le député LR d'Eure-et-Loir, Olivier Marleix, est particulièrement remonté. « Le gouvernement refuse de s'intéresser au pantouflage, à ces allers et retours entre le public et le privé qui sont des nids de conflits d'intérêts, lance-t-il, le 19 juillet. Pardon mais il y a sans doute une volonté de protection au plus haut niveau de l'État, avec un président de la République et un Premier ministre qui ont eux-mêmes pratiqué le pantouflage... » Le très jeune député LR Raphaël Schellenberger, 27 ans, lui emboîte le pas. Il s'en prend à la Macronie qui s'installe : « On sent que le [gouvernement] concentre le pouvoir sur la haute administration, et c'est justement là

1. Blog de Paul Cassia, professeur de droit public à l'université Panthéon-Sorbonne, le 28 juillet 2017.

qu'on ne veut pas voir les conflits d'intérêts... », persifle-t-il.

Sous la pression, la présidente LREM de la commission des lois doit faire une concession. Elle accepte la création d'une mission d'information sur la déontologie des fonctionnaires, dont elle confie la vice-présidence à Olivier Marleix. La présidence en revient à un député d'En marche ! : Fabien Matras. Son but : « Faire le point sur le fonctionnement des dispositifs légaux » et « entendre l'ensemble des parties prenantes afin de proposer les évolutions qu'elle estimera nécessaires ». Ses travaux commencent début octobre 2017. Ils mettent vite en lumière les trous béants dans la législation sur le pantouflage et l'application des lois.

Dans son audition du 24 octobre, Roland Peylet admet qu'il est aberrant que les avis de sa commission de déontologie ne soient pas rendus publics, en particulier si un avis positif comporte des réserves. Notamment, lorsqu'un haut fonctionnaire part dans une entreprise privée et n'a pas le droit de contacter ses anciens collègues, il est pour le moins dommage que les collègues en question ne soient pas informés de cette interdiction...

Des responsables d'administration expliquent, eux, qu'ils n'ont, de toute façon, pas les moyens de suivre pendant trois ans les éventuels contacts entre un « pantouflard » et son ancienne maison. Enfin, le 21 novembre 2017, des directeurs des ressources humaines de grands groupes, tels EDF, Veolia ou BNP-Paris, disent regretter que la commission de déontologie n'ait pas son mot à dire sur le retour des « pantouflards » dans le secteur public.

Que sortira-t-il de cette mission d'information ? Un changement radical ? Une moralisation en profondeur ? C'est peu probable. « Je ne me fais pas d'illusion sur ce qui est susceptible d'être accepté[1] » par le pouvoir, confie Olivier Marleix. Comme si les intouchables avaient déjà gagné...

1. Entretien dans Acteurs publics, le 27 octobre 2017.

Remerciements

Pour cette enquête au long cours, j'ai interrogé une centaine de hauts fonctionnaires, issus de tous les grands corps d'État. Certains ont préféré rester anonymes. Je les remercie tous infiniment.

Merci aussi à mon éditeur et ami, Roman Perrusset qui, en dépit des difficultés de la vie, m'a toujours accompagné dans cette aventure avec énergie et bonne humeur.

Merci également à Valérie Robe pour son regard éclairé et nécessairement exigeant.

Enfin, à Tania, ma femme, qui m'a aidé à chaque instant. Sa relecture, jour après jour, a été déterminante. Merci, mon amour.

Table

La photocomposition de cet ouvrage
a été réalisée par
GRAPHIC HAINAUT
30, rue Pierre Mathieu
59410 Anzin

Imprimé en France par CPI
en janvier 2018

N° d'édition : 56575/01 – N° d'impression : 3025699